パーフェクトレッスンブック

女子バスケットボール
基本と戦術

楠田香穂里　著
元・共栄大学女子バスケットボール部監督／
明星学園高等学校女子バスケットボール部コーチ

PERFECT LESSON BOOK

Introduction
はじめに

意識を変えることでプレーは変わる

日本バスケットボール史においてオリンピックで初めてメダルを獲得した女子日本代表、海外のプロチームに所属するプレーヤーたちの活躍、国内プロバスケットボールリーグの隆盛によって、いまバスケットボール熱はこれまで以上に高まってきています。それに伴い、女子バスケットボール界も底上げされ、中高生のレベルも上がってきていると感じています。

本書では、年々進化を遂げている女子バスケットボールに特化し、基本技術の向上や自己管理、上達のヒントなどをまとめました。これからバスケットボールを始めようと思っている人、伸び悩んでいる人、もっともっと上達したいと思っている人、指導者の方々にぜひ手にとってもらえれば幸いです。

基本技術は、少し意識を変えることでみるみる変わります。この本を読んで「できるようになった！」「プレーが変わった！」と感じてもらい、皆さんのバスケットボール生活が楽しくなるように願っています。

楠田香穂里

molten
FIBA
APPROVED
SUNCOLORS
10

Contents

第1章 Handling ハンドリング

第2章 Dribble ドリブル

第3章 Pass パス

第4章 Shoot シュート

Contents

第5章 Jump&Long Shoot

ジャンプ＆ロングシュート

第6章 Offense
オフェンス戦術

Contents

第7章 Defense
ディフェンス戦術

第8章 Conditioning
自己管理

第9章 Training&Care
トレーニング&ケア

Prologue

序章

Prologue
序章

ロングシュートの成功率は基本技術で決まる

オフェンス有利の特性を活かして積極的に得点を狙う！

日本代表躍進の要因

２０２１年に開催された東京オリンピック。女子バスケットボール日本代表は、次々に強豪国を破り、史上初の銀メダルを獲得しました。

世界各国の代表チームに比べて高さで劣る日本の武器のひとつになったのが、スリーポイントシュートです。

日本の１試合平均得点は優勝したアメリカに次ぐ２位の82・２点。そのうち、スリーポイント試投数が31・７本、成功数12・２本、成功率38・４％と、出場チーム中１位という数字をたたき出しました。

ポイントガードを筆頭にパスをまわしてシュートチャンスを作り上げ、精度の高いスリーポイントシュートを放ち、ポイントを重ねていくスタイルを確立していったのです。

東京オリンピックでの日本代表チームの活躍によって、現在日本の女子バスケットボール界の中高生カテゴリー

バスケットボールの各プレーの特性について

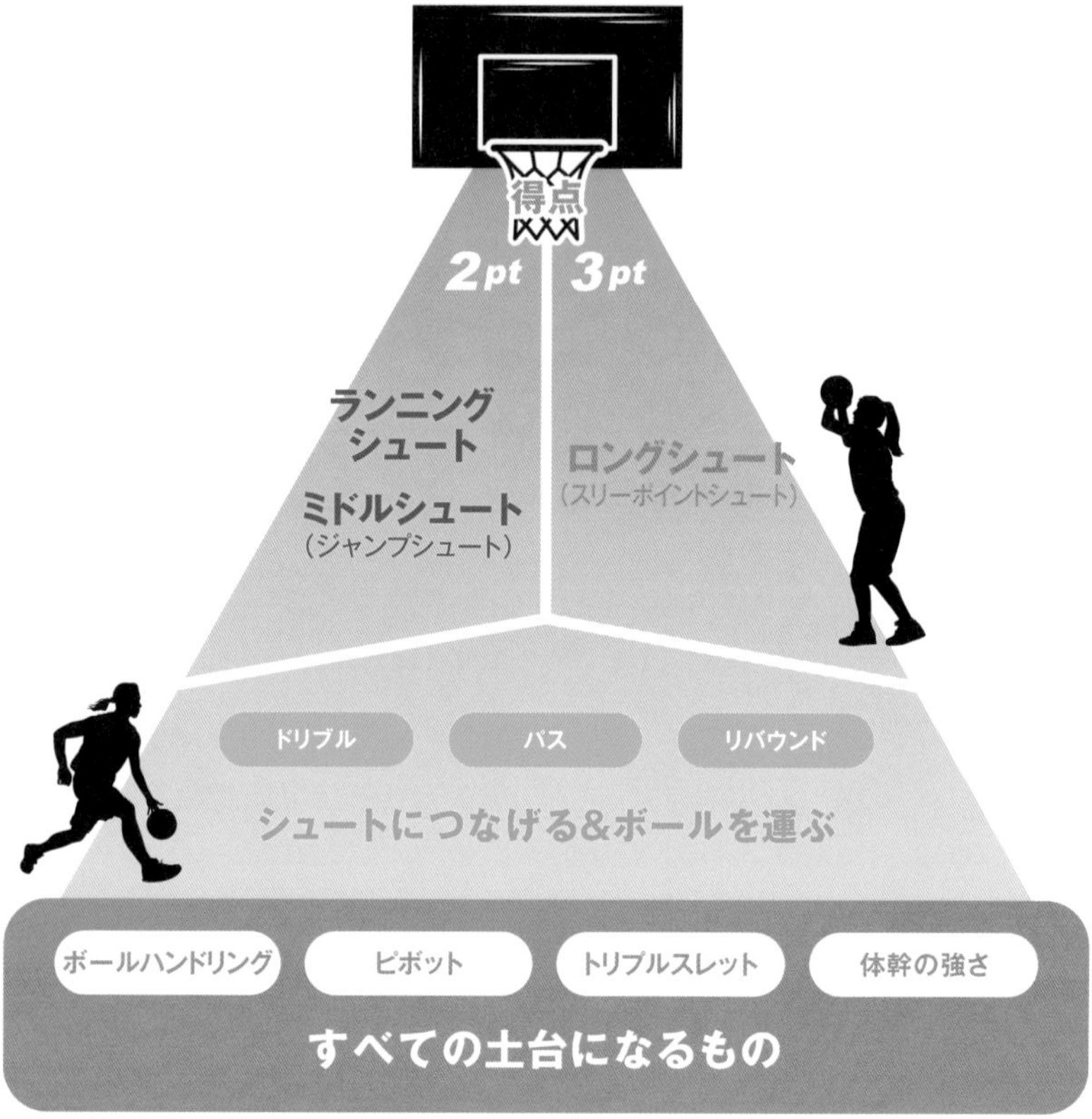

においても、ロングシュートを積極的に狙っていくプレーヤーが増えてきたように思います。

シュートは基本技術で決まる

バスケットボールは、どんなかたちでもゴールにボールが入れば、得点が

加算されます。サッカーや野球など失点を抑えるために防御されるような競技と比較すると、オフェンス側が有利に設定されている競技です。
　このような競技特性を踏まえると、得点を狙うことを第一に考え、シュートの成功率を上げていくことはもっとも重要です。

　だからといって、ロングシュートの成功率を上げたいばかりに、シュート技術だけを磨けばいいというわけではありません。
　よいシュートは、味方からの正確なパス、ディフェンスを引きつけるドリブル、そして視野の広さと判断力を備えるピボットが、土台となります。
　24秒以内に1回というシュートチャンスにおいて、どのタイミングでシュートを打てば決まる確率が高いのか。ディフェンスとの間合いや周囲の状況を判断し、ディフェンスをかわすためにピボットも大きな役割を果たします。
　やみくもにロングシュートを狙いにいくのではなく、的確な判断のもと、打つべきときに打つことが大切です。とくにポイントガードは、コート全体を見渡せる視野の広さを備え得点チャンスを作る存在。チームを家族に例えると母親的な役割と言えるかもしれ

スリーポイントシュートの成功の秘訣は基本プレーの精度の高さ

ません。東京オリンピックで活躍した日本代表のスリーポイントシュート成功率の高さは、アシストやディフェンスの引きつけなどの基本プレーの精度の高さがあったからこそ、生まれたものです。

だからこそ、得点を狙う派手なプレーだけではなく、基本技術のレベルアップに注目してほしいと思います。

中高生の皆さんも、そのことを念頭において日々の練習に取り組みましょう。

本書では、第1章からすべての基本となるボールハンドリング、ピボットから始まり、ドリブル、パス、そこから展開するランニングシュート、ロングシュートのポイントを解説しています。

第6章からオフェンスおよびディフェンス戦術、ボールを使ったトレーニングなどを紹介していきます。

Handling

ハンドリング

第1章

Handling
ハンドリング
第1章

ボールを指先でコントロールする

パス、ドリブル、シュート、リバウンドなどボールを扱うすべての技術の基礎は「ボールハンドリング」にあります。

シュートの精度を上げるには指先のコントロールが重要です。自分の手より大きなボールを自由自在にコントロールできれば、思い描いたプレーが可能になります。

ボールハンドリング力をつけるには、とにかくボールに触れる時間を増やし、ボールに慣れること。全体練習の前後や、ちょっとした空き時間にも積極的にボールに触れてハンドリング力を磨きましょう。

1 ボールをつまむ

バスケットボールのすべてのテクニックにおいて、指の力が必要です。意識して行いたいのが、ボールをつまみ上げる練習。5本の指を大きく開き、腕ではなく指の力でボールをつまみ出すように上げることで、指の筋力アップにつながります。

指先でつまみ、ボールを空中に浮かせる

手のひらを開き、落ちてきたボールを受け止める

2 ボールを回す

手の位置はキープしたまま、指先を使ってボールを手のひらの上で回転させます。片手でボールをコントロールできれば、パスやキャッチの正確性がぐんと上がります。難しいので初めはボールを落としてしまうかもしれませんが、コツコツ続けてみてください。

バランスをとってボールが
落ちないようにする

指を使ってボールを浮かせて
回転させる

3 ボールをはたく

手のひら全体にボールが当たる感覚を確認しながら、ボールをリズミカルにはたいて左右に移動させてみましょう。慣れてきたら徐々にスピードアップ。大きくて重いボールを自在に操るために、手首のスナップをきかせることも意識しましょう。

もう一方の手の指で受け止め、
また元の手へ戻す

片方の手の指でボールを持つ

Handling
ハンドリング
第1章

ボールのキープ力を身につける

ボールを持ってからドリブルやシュートに移るまでしっかりキープするには、手のひら全体でボールをつかまないようにすることが大切です。

両手でボールをベタッとつかんでしまうとハンドリングが難しくなり、次の動作への移行も遅れてしまいます。

身体の周りで円の軌道を描く練習や、低い体勢でボールを扱う練習を取り入れてスピードと正確性、ボールキープ力を養いましょう。

指先の力をうまく使って、リズミカルに行うことがポイントです。

1 クロス

やや大きく開いた足の間を「8の字」を描くようにボールをコントロールしながら動かす練習です。この低い体勢が、バスケットボールにおける基本的な姿勢。身体が上下しないよう低い体勢をキープすることを意識しましょう。

1

腰を落とし、片方の手でボールを持つ

2

足の間へ通し、もう片方の手で受け取る

3

受け取ったら前方へまわす

4

足の下に通す。指でボールを持つように心がける

2 体幹

片足で立ち、身体の周りでボールを回すように動かします。頭や腰の周りなどいろいろな高さで、右回りと左回りのどちらもできるように練習しましょう。自然と身体の軸を意識する動作のため、体幹トレーニングにもなります。

太もも周り

身体のバランスを崩さないように注意する

腰周り

背中へボールを持っていく

頭部周り

頭の上ではなく頭の後ろへボールを持っていく

うまくなるコツ!

コントロールできるようになったら、
よりすばやくボールを動かそう

Handling
ハンドリング
第1章

ボールを見ずにドリブルする

ドリブルなどで体勢をキープしながらボールをコントロールするには、ボールを見なくても扱えるハンドリング力が必要です。

プレー中に顔をしっかりと上げて視野を確保できるよう、手元を見ずにボールを操る基本のハンドリングを身につけましょう。

基本を積み重ねることが実戦で役立ち、高度なプレーの習得にもつながります。初めは難しいと思いますが、ボールと友達になるつもりで日々の練習に取り入れてみてください。

1 低めのドリブル

腰を落とした姿勢を作る

背後にバウンドさせて逆サイドへ

姿勢をキープしたまま
ボールをとらえる

実戦で活かす!
チェックポイント!

重心移動に合わせて バウンドさせる

ボールをつく位置が視界に入らないため、最初は難しく感じますが、身体の重心移動に合わせてボールをバウンドさせましょう。リズムよく行うことでボールをとらえる位置も定まってきます。

2 高めのドリブル

足を肩幅よりも広めにして立つ

バウンド時は姿勢を崩さない

指でボールをとらえる

Handling
ハンドリング
第1章

ボールを持つ基本姿勢「トリプルスレット」

オフェンスでボールを持ったとき、次の選択肢は「シュートで得点を狙う」「ドリブルで相手を抜く」「味方にパスを出す」の3つです。

このどれもがすぐに行える姿勢、つまりいつでも次のプレーを展開できる姿勢を「トリプルスレット」と呼びます。ボールを持った瞬間、この基本姿勢をとると次の動作へスムーズに移ることができます。

すぐに動き出せるよう、手首を立ててボールは5本の指をしっかり開いて縦に持ちます。習慣として身につけておくことでプレーの精度も上がっていきます。

実戦で活かす!

チェックポイント!

視野を確保する姿勢でリングを向く

トリプルスレットは全身が力《りき》まないよう、軽くひざを曲げてリラックスした姿勢をとることがポイントです。ボールはあごの下から胸の前あたりで持つと姿勢を保ちやすいでしょう。視野を確保できるよう顔を上げ、リングの方を向きましょう。

トリプルスレットの基本姿勢

足は肩幅ほどのスタンスで軽くひざを曲げます。ボールの位置は、「ポケット」と呼ばれるディフェンスからボールを守れる場所で構えます。ポケットには頭の上、肩（左右）、腹の横（左右）がありますが、自分が構えやすい場所でOK。ドリブル、パス、シュートの体勢に入れるように手首を立ててボールを持つことが大切です。

攻撃の選択肢を増やす「ピボット」

ピボットは、ボールを持っているプレーヤーの選択肢を増やすために欠かせない重要な基本技術です。

パスを受けたとき、次に何をすべきか周囲を見て判断するため、ボールをしっかりキープしながらピボットを行います。

足の動きとスムーズな体重移動がポイント。初心者には難しい技術ですが、足をうまく使うことができればプレーの幅が広がります。初めはボールを持って一人でターンの練習を、慣れてきたら試合を想定しディフェンスをつけて行ってみましょう。

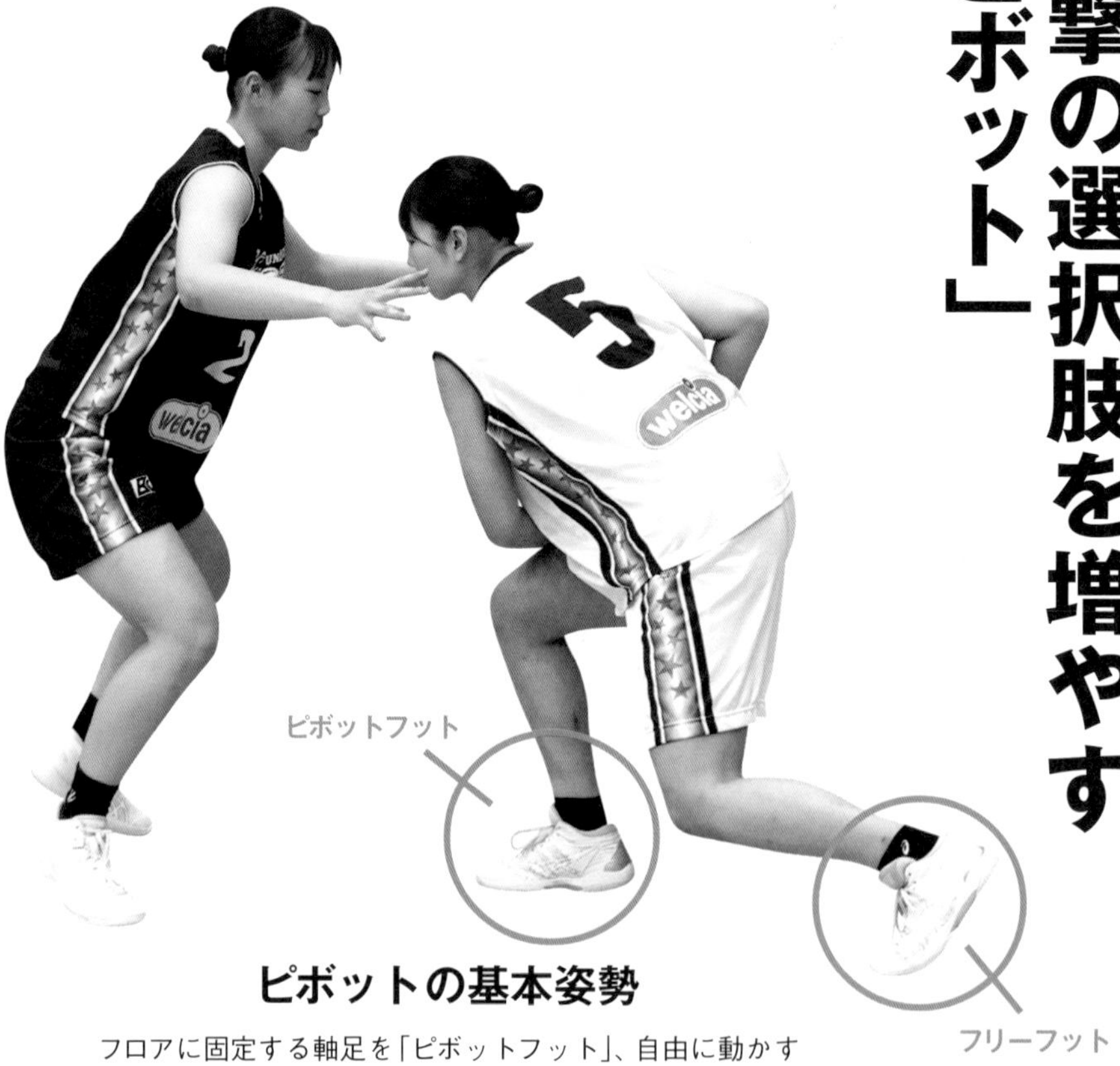

ピボットの基本姿勢

フロアに固定する軸足を「ピボットフット」、自由に動かすもう片方の足を「フリーフット」と呼びます。ピボット時は、低い姿勢で身体を安定させて、「シリンダー」（P30）を確保します。上体が後傾してしまうと、その分シリンダーが潰されて圧力をかけられてしまうので注意しましょう。

実戦で活かす! チェックポイント!

ひざが伸び上がると軸足が動かない

ディフェンスの動きを見ながら、低い位置や高い位置にボールを移動させていきましょう。このとき、身体が上下したり、ひざが伸び上がってしまうと軸足を使えずスムーズに足を動かすことができなくなるので注意しましょう。

ディフェンスからボールを隠す

ディフェンスに対しては、必ず身体を使ってボールを隠すことが大切。ひじをしっかり開くことでボールを指全体でキープできます。ディフェンスがプレッシャーをかけてきても、体幹に力を入れて軸足を安定させましょう。

Handling
ハンドリング
第1章

止まったときこそ視野を確保する

パスを受けとったときやドリブルで止まったときに周囲の状況をよく見ることが大切です。

　止まった瞬間に相手ディフェンスや味方の状況を見極めるために、母指球と足の指先まで使ってブレーキをかけてしっかり止まり、視野を確保しましょう。

　そしてシュートを打つのかパスを出すのか、次の展開を判断します。止まっている時間を有効に使い、緩急をつけた攻撃を行うことが有利な試合運びにつながります。

母指球と足の指先を使って
ブレーキをかける

実戦で活かす!

チェックポイント!

姿勢が高いと次の動作につなげられない

足の指に力が入っていないと自然と姿勢が高くなり、そこからピボットやパス、ドリブルなどの動作へつなげることが難しくなります。腰を落としてしっかり止まる動作を身につけましょう。

Dribble

ドリブル

第2章

Dribble
ドリブル

第2章

強く正確にコントロールする基本のドリブル

ボールを運び、ディフェンスをかわすのに欠かせないドリブル。ボールをつく力が弱いと手元に戻るまでの時間がかかり、コントロールが難しくなることでディフェンスに対処されやすくなります。

どんな状況下でも強くボールをつき、床から跳ね返ってきたボールを正確にコントロールできるよう練習しましょう。

ドリブル時の姿勢は、次の動きにすぐに移れるよう低めの前傾姿勢が基本。ボールは見ずに、しっかり顔を上げて周りの状況を常に把握できる意識を持つことが大切です。

高めのドリブル

ボールの動きがゆっくりとならないように、手首と指先を使ってボールを強くつく

低めのドリブル

腰を落とした状態を維持しながら、ボールを正確にコントロールする

実戦で活かす! チェックポイント!

ボールを見なくても自在にコントロールできるように

高いドリブルと低いドリブルを交互に繰り返したり、身体の横でボールをついたり、ボールを見なくても自在に操れるよう練習しましょう。左右どちらの手でもドリブルできるとプレーの選択肢が広がり、ディフェンスをかわす技術も身につきます。

左右のドリブル

手首の力を使ってボールをサイドへ送り、反対側の手でしっかりボールをとらえて再びボールを送り出す

1

2

3

4

5

Dribble
ドリブル
第2章

ドリブルでの攻撃はいくつものチャンスを作る

ドリブルの目的は、24秒という攻撃時間内に早くゴールに近づいて得点につなげること。ディフェンス網を突破できなくてもゴール下に切り込んで相手を引きつければ、そこから攻撃を展開できます。

ボールを持ったらすぐにパスを出すのではなく、「自分がドリブルで持ち込んでディフェンスを突破する」という気持ちを常に持ちたいもの。一度でディフェンスをかわせなくても、焦らず、あきらめずに攻めることでスペースを作ったり、相手のファウルを誘うことにもつながります。

ドリブルワークは「間合い」を利用する

ドリブル時は、オフェンスの「シリンダー」を意識しましょう。シリンダーとはオフェンスが構えたときの腕、お尻、足の位置を基準にした円筒形の空間のこと。ドリブルの始まりやピボット時にディフェンスがオフェンスのシリンダーに対し不当な侵入、接触をすると反則になります。オフェンスは、ディフェンスとの間合いを利用してドリブルを展開するのがポイント。ディフェンスと密着しすぎないようにしましょう。

肩先からディフェンス横のスペースへ

肩先からディフェンス横のスペースに入る

ディフェンスのすれすれを抜ける

ボールを運び、一気に前進する

ドリブルの体勢が低いと、ディフェンスもカットするために低い姿勢を維持しなければならず、その分負荷を与えることができます。また低い姿勢を保つと重心移動がしやすく、動きにスピードが出ます。肩先からディフェンス横のスペースに入り、足を前進させ一気にボールを運ぶのがコツ。

フロントチェンジは間合いを利用する

ディフェンスとの距離がある場面で、シリンダーを有効に利用できるドリブル技術が、フロントチェンジです。

身体の正面で右手から左手へ、左手から右手へと交差させるようにボールを移動します。逆に、相手ディフェンスとの間合いが近い場合はボールを取られてしまう可能性があるので注意が必要です。

ボールを確実に横方向へ移動できるよう、しっかりとボールの側面をとらえバウンドさせましょう。

ディフェンスとの間合いを確認

オフェンスは左方向へ前進し重心をかける

実戦で活かす!
チェックポイント!

高いドリブルはスチールの的になる

フロントチェンジは、低く、速くボールをつくことがポイントです。高いドリブルでは相手との距離があってもスチールされかねません。ディフェンスの様子をうかがいながら、低く速いフロントチェンジで一気に抜き去りましょう。

✕

シリンダーの中でボールをバウンドさせ、反対側へ送り出す

肩先からディフェンス横のスペースに入り前進

インサイドアウトドリブルで方向チェンジする

ドリブルコースの方向をチェンジするのが、インサイドアウトドリブルです。

　ボールを強くつき、手に戻ってきた勢いで手のひらに付けるようにしてボールを内側から外側へ移動させます。

　ディフェンスとの間合いを見ながら、身体の向きにドリブルすると見せかけて相手が動いた瞬間に逆方向へボールをついてかわします。

　視野を確保しながら、ボールの側面を押し出してすばやく進行方向を切り替えましょう。

ボールをしっかりキープしオフェンスは左方向へ向かう

ドリブルを低めに手のひらの向きを右へ向ける

実戦で活かす！ チェックポイント！

ボールの振り幅を小さく逆サイドへ

慣れないうちはボールを見てしまいがち。大切なのはディフェンスを見ることです。相手との距離感や動きを見極め、効果的なタイミングでインサイドアウトドリブルを繰り出します。ボールの振り幅を小さくすれば、スチールされるリスクを減らせます。

右方向へ重心を移し、ボールをバウンドさせる

ディフェンスが左に動いたところを見逃さず右方向へ前進

ロッカーモーションでディフェンスのリズムを変える

ドリブルで切り込むと見せかけてボールを前後に動かしてストップし、ディフェンスの重心を崩すのがロッカーモーションです。

　ディフェンスはオフェンスのドリブルの呼吸に合わせて動くため、ロッカーモーションでリズムを変えられると非常に守りにくくなります。一度で抜き切れなくても、二度、三度と繰り返すことでディフェンスの体勢を崩すことにつながります。

　応用として、ストップと同時に視線を前方に向け、シュートを打つと思わせればさらに効果的です。

進行方向に前進する

腰を落として動きを止める

実戦で活かす！

チェックポイント！

ディフェンスの呼吸を意識しながらドリブルする

ドリブルをしているときは常にディフェンスの呼吸を意識しましょう。相手のタイミングをずらすようにフェイントしたり、重心がブレていたら逆方向にドライブをかけるなど、ディフェンスをかわすコツをつかみましょう。

後方へボールを運び重心を後ろへ

ディフェンスの隙をついて一気に前進

ターンを使ってディフェンスを抜く

身体の前や横でチェンジング（左右の切り替えなど）できないときは、ディフェンスからボールを隠して守り、進みたい方向へターンするドリブルを展開しましょう。

一度ディフェンスから目を離すため、ダブルチームやヘルプディフェンスに気をつける必要があります。

ボールが身体から離れてしまうとターンに時間がかかるため、身体の近くで低めにドリブルし、すばやくターンすることが重要です。

進行方向にディフェンスが立ち塞がる

手首を使ってボールを反対方向へ切り替える

実戦で活かす!
チェックポイント!

身体の回転より先に首を正面へ

身体全体でボールを守っているときは、ディフェンスからボールは見えません。一瞬の隙をつきターン後、ギアを上げていきます。ターン時は逆手でカバーしながら、目線を正面にすばやく向けましょう。

ディフェンスからボールを隠しながらターン

首を正面に向ける意識でギアを上げる

足の間を通して方向転換を行うレッグスルー

レッグスルーは足の間にボールを通してディフェンスから守り、方向転換を行うドリブルの技術です。

ボールが低い位置にあるためフロントチェンジよりもカットされにくく、相手ディフェンスの手を気にせず余裕を持ってドリブルできるメリットがあります。

ディフェンスとの間合いが近いときに有効なドリブルの技術です。

姿勢を低くした状態で足を大きく踏み出して、思い切ってドリブルを切り返しましょう。

ディフェンスが正面に立ち塞がる

姿勢を低くしてボールを足の間へ通す

逆の手でボールをとらえ、左へ重心をかける

右足を前に出し、再び足の間にボールを通す

ボールをとらえてディフェンスを抜く

ディフェンスを引きつけ背後でバウンドさせる

ボールを背中側に通して逆方向へ運ぶドリブルを、ビハインド・ザ・バックドリブルと言います。ディフェンスが接近してきて、進行方向が塞がれたときに有効です。

　ディフェンスを片側に引きつけておき、肩甲骨を動かして背後でボールをバウンドさせ反対側に送り出します。

　反対の手でボールを受けたらすばやく前進し、ディフェンスを抜き去ります。比較的難易度の高いテクニックですが、実戦形式の練習でどんどん試していきましょう。

左方向へドリブルで前進

ディフェンスを引きつける

実戦で活かす!
チェックポイント!

お尻の下でバウンドさせて ドリブルを安定させる

バウンドが高いとボールコントロールが難しくなります。お尻の下あたりでバウンドさせるとボールは安定します。指の腹でしっかりコントロールすることを意識しましょう。指でボールに力を加え、押し出すように強くつくのがコツです。

指の腹を使って逆サイドへ背後でバウンド

指先でボールをとらえてギアを上げる

レベルアップできる!!
練習法 Lesson 1

ドリブル相撲で
全身を使って押し合う

センターサークルを使ったドリブル練習

ドリブルワークはいかにボールを見ないでコントロールできるかがポイント。センターサークル（以下サークル）を利用していろいろな状況を作る練習に取り組み、安定したドリブルワークを身につけましょう。

サークル内に2人のプレーヤーが入り、全身を使って押し合いをしながらドリブルを行います。サークルの外に出たら負け。相手に押されても、下半身を安定させて強くボールをつきながら攻めましょう。

下半身を安定させて全身で押し合う

お尻で相手を押して攻めていく

レベルアップできる!! 練習法 Lesson 2

サークル内で追いかけ逃げ合う

左右両方の手を使う

ターンも活用する

ネコは距離を詰めてネズミを捕まえる

通称「ネコとネズミ」。サークル内に2人のプレーヤーが入り、ネコ役とネズミ役を決めます。ネコはネズミをドリブルで追いかけます。

ネズミは捕まらないようにドリブルワークを駆使して逃げましょう。

ネコは視野を確保しながら、ネズミの位置や距離を把握。ネズミはフロントチェンジやターンを使ってネコをかわしていきましょう。

レベルアップできる!!
練習法 Lesson 3

ドリブルジャンケンで
前進する

ドリブルのスピードと判断力を身につける

対峙したらジャンケン

勝ったら前へ進む。負けた方は自陣へ戻る

スリーポイントラインを利用します。図のようにエンドライン側2カ所で2～3人ほど並び、同時にドリブルをスタートさせます。

プレーヤー同士がライン上で対峙したら、ジャンケンをして勝ったら前進。負けたら自陣へ戻ります。2人目以降も同様に繰り返し、敵のスタート地点まで先にたどり着いた方が勝ちです。

ジャンケンの勝負の判断をすばやく行い、ドリブルのスピードをしっかり意識して練習に取り組みましょう。

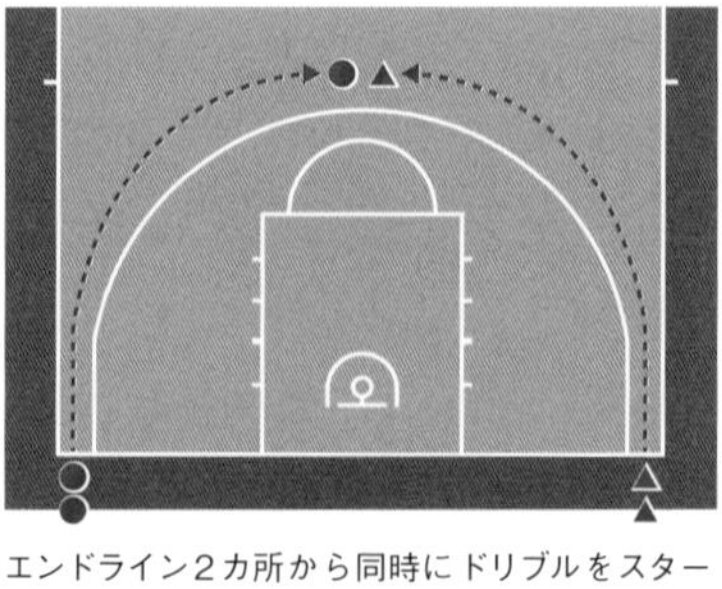
エンドライン2カ所から同時にドリブルをスタート

Pass

パス

第3章

体幹を使って力強く速いパスを出す

ボールをもらったら周囲の状況を見て、パスとドリブルのどちらが早くゴール付近までボールを運べるかを判断することが重要です。

パスを選択したら視野を確保し、ディフェンスとの間合いを見てパスを出す方向を決めましょう。

パスの基本は自分の胸から相手の胸に、強く速いボールを出すチェストパス。手を出した方向に出せるのでコントロールしやすいですが、速いパスにするには身体全体で押し出す体幹の強さが必要です。

1 胸の位置でボールをキープする

2 前に出した足をしっかり床につける

実戦で活かす!

チェックポイント!

身体の向きと逆方向にパスを出そう

チェストパスの基本技術はノールックパスにも応用できます。パスする方向を見ずに行うためハイレベルですが、その分ディフェンスをあざむく効果は抜群。身体の向きと逆方向へパスを出せたら、上級者の仲間入りです。

うまくなるコツ!

味方がボールをとりやすくするには、手首を外側に向けボールを回転させよう。

3 ひじと手首を固定し重心を前へ

4 体幹を使ってボールを押し出す

ディフェンスが届かない位置でワンハンドでパス

強くて速いチェストパスが基本ですが、正面にボールを出すため目の前にディフェンスがいるときには不向きです。

そこで習得したいのが、ディフェンスを避けながらワンハンドでパスを出すテクニック。

ボールをディフェンスの手の届かないところに移動させ、手首のスナップをきかせて片手で押し出すようにパスを出します。

ボールを出す位置は腰から胸のあたりを意識して、左右どちらの手でも出せるように練習しましょう。

1 片手でボールを支えて、手のひらでボールをキープ

2 前足をしっかり踏み出し、下半身を安定させる

実戦で活かす!

チェックポイント!

バウンドパスでディフェンスをかわす

ディフェンスに塞がれているときは、バウンドパスが有効。フリーフットを踏み込んで、床にボールをバウンドさせます。自分とパスを受ける側の距離の相手寄り3分の2程度の位置へボールが失速しないよう、腰の位置からボールを出しましょう。

うまくなるコツ!

手の動きだけでディフェンスをかわすのではなく、しっかり足を使ってディフェンスを避けよう

3 手を押し出すとともに重心を移動させる

4 指先でコントロールしながらボールを送り出す

ディフェンスの頭上を有効に使うオーバーヘッドパス

頭上の位置からパスを飛ばすオーバーヘッドパスは、ゴール下の味方にパスを入れるときなどディフェンスの頭上の空間を使いたい場面で有効です。

トリプルスレットの状態からボールを上に移動させ、おでこの前からすばやくボールを出します。

回転はかけず、ボールが放物線を描いてディフェンスの頭上を越すイメージを持ちましょう。頭上でモーションが大きくなると、ディフェンスに取られやすくなるので注意しましょう。

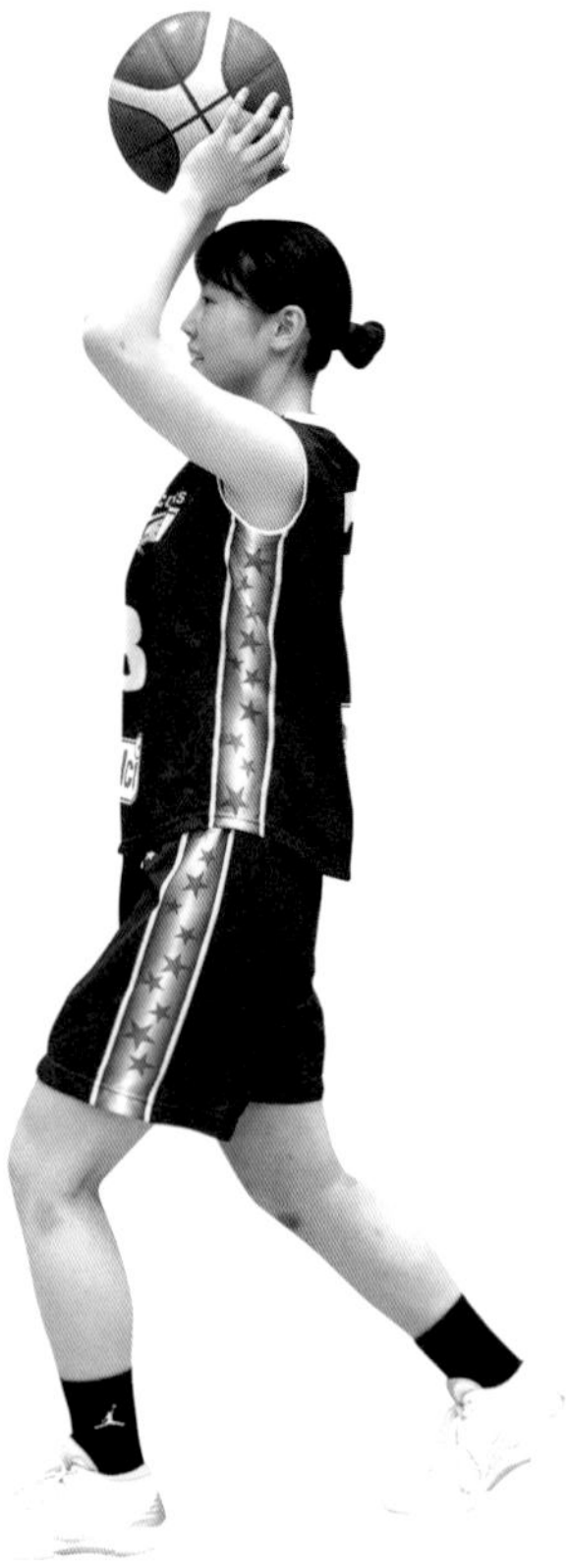

1 頭の上でボールをセット

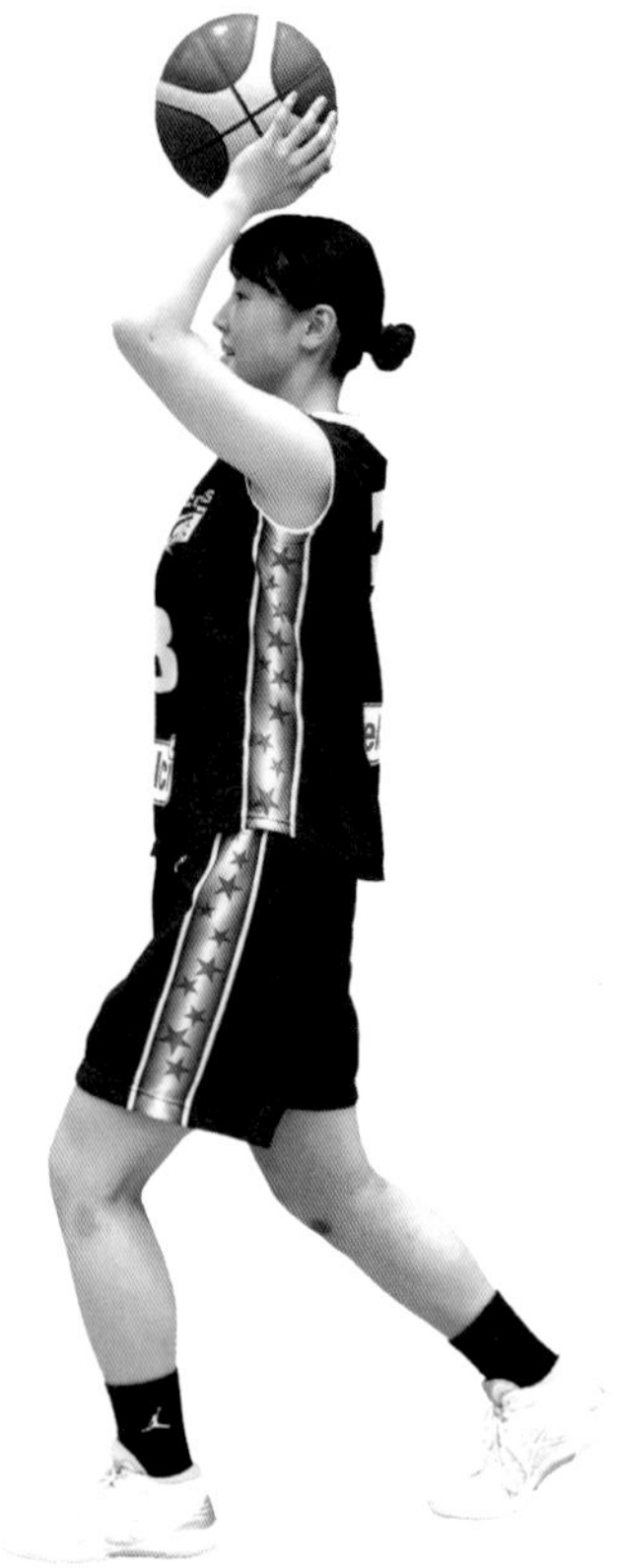

2 手首を引きつけてパスの準備

実戦で活かす!

チェックポイント!

飛距離を活かしてスキップパスを出す

オーバーヘッドパスは、コントロールしやすく長い飛距離が出せるのが特長です。パスの動作にディフェンスが寄ってきたら、味方を一人飛ばすスキップパスを出すのも効果的。味方がキャッチしやすい正確なコントロールも重要です。

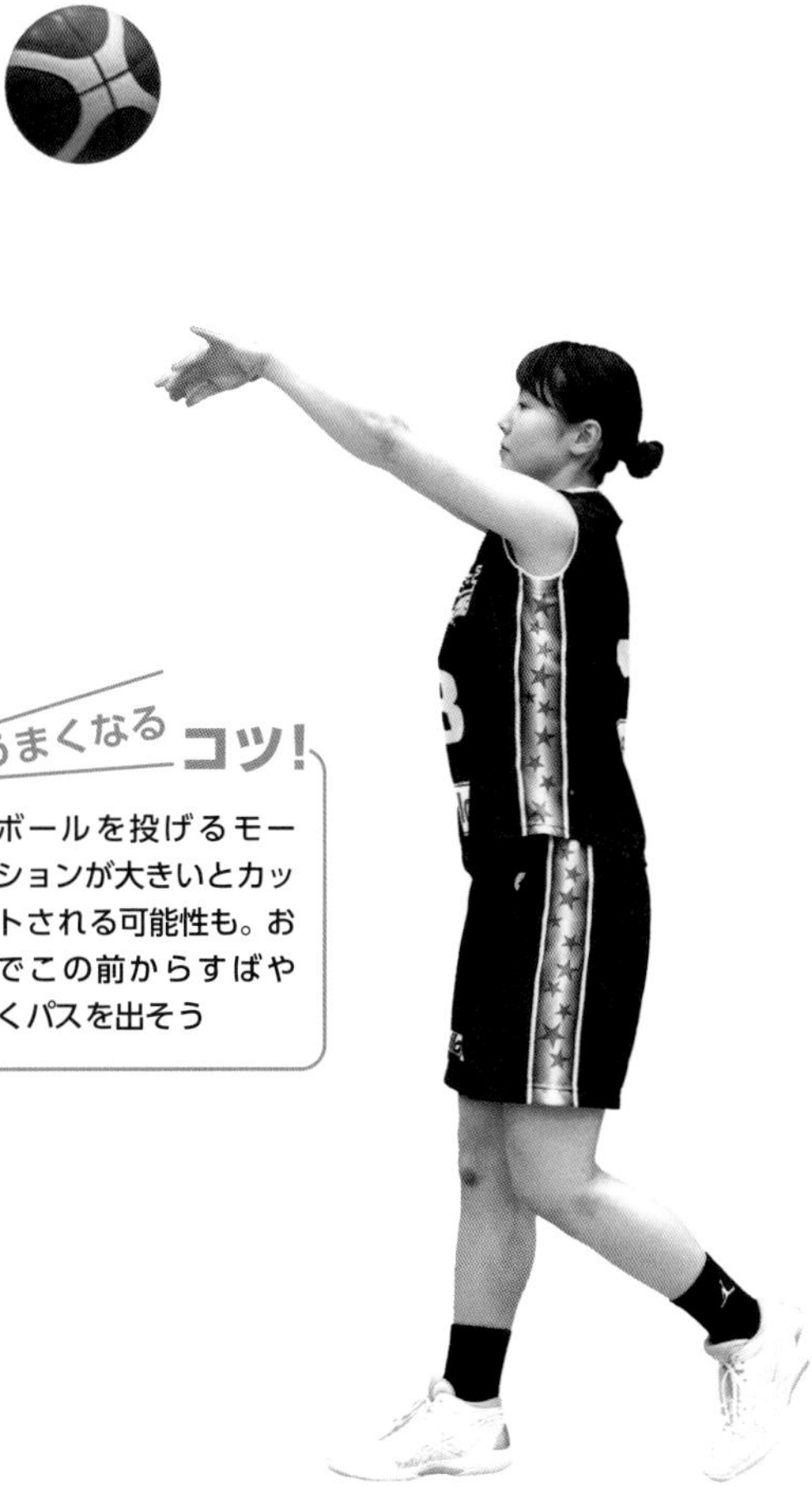

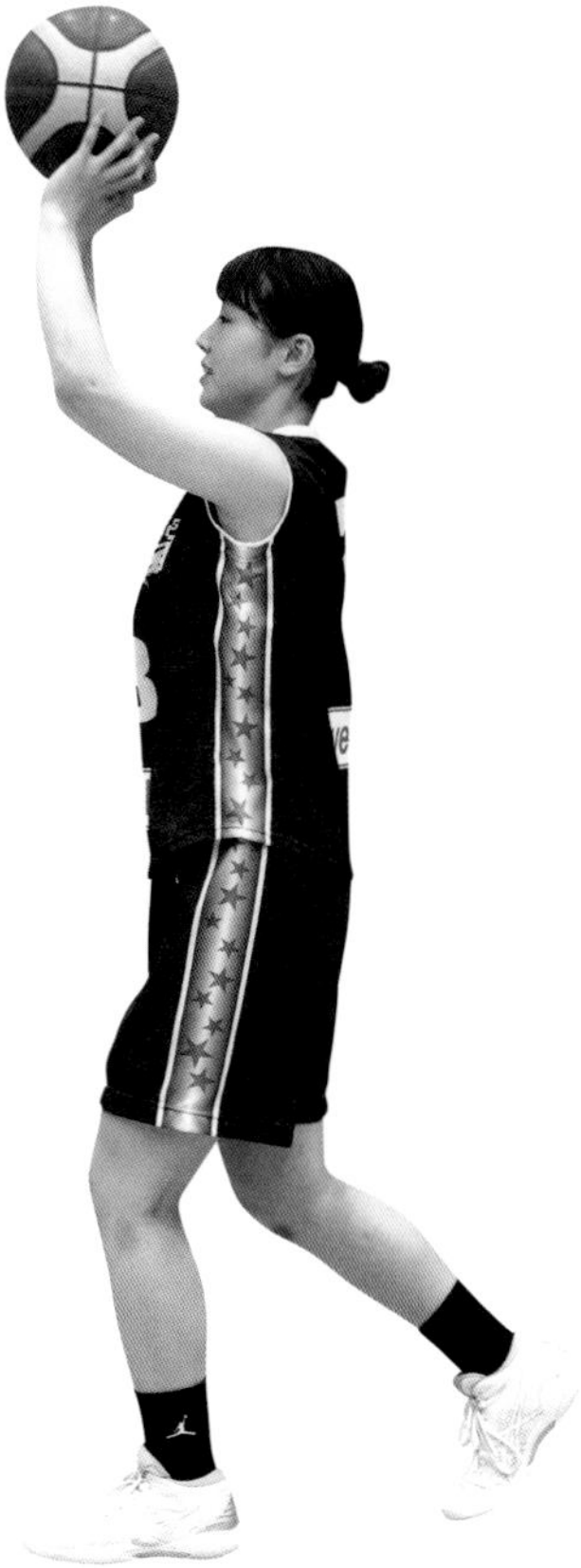

うまくなるコツ!

ボールを投げるモーションが大きいとカットされる可能性も。おでこの前からすばやくパスを出そう

4 高い位置でボールを離す

3 おでこの前から
すばやくボールを出す

目線を前に向けたまま背後から横へパス

ディフェンスの不意をつきたいときやサイドにパスを出すときは、身体の背面からパスを出すビハインドパスを使いましょう。

目線は前に向けたまま、利き手でボールを背中側に回し、腕の遠心力を用いてボールを送り出します。

片手でボールをしっかりコントロールし、視野を広く保つ習慣を身につけ、ビハインドパスを試合で活用していきましょう。

1 顔や身体は正面を向けておく

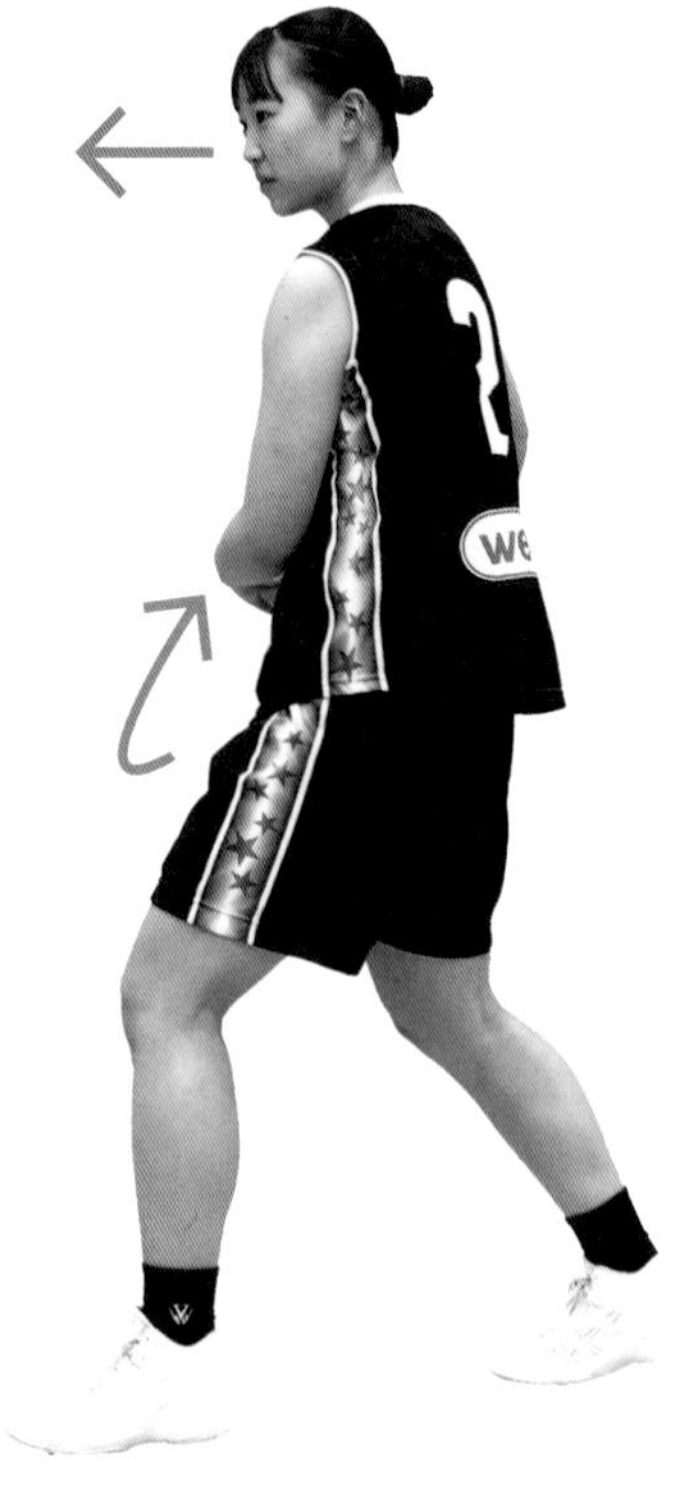

2 目線は前に向けたまま、ボールを身体の横へ隠す

実戦で活かす!

チェックポイント!

手首でしっかりキープして送り出す

ボールを背後で正確にコントロールするには、ボールを手首に引っ掛けるようにキープして後ろへ回すのがポイント。腕を後ろに回した力を利用してボールをすばやく送り出しましょう。

3 利き手でボールを背中側に回す

うまくなるコツ!

腕が曲がると、ボールに力を伝えられないので、腕はまっすぐの状態でパスしよう

4 すばやくボールを送り出す

密集したエリアで活用できるジャンプパス

比較的長いパスや、密集したエリアで頭上のスペースを使ってボールを味方に渡したいときに有効なのがジャンプパス。ジャンプとパスが一連の動作となるよう、ジャンプ時に生まれる下半身の力をそのままボールに伝えます。

応用編として、ジャンプシュートに見せかけてディフェンスを飛ばし、ノーマークの味方にパスを出すのも有効です。

ただし、パスを出せずそのまま着地するとトラベリングになるので要注意。パスを出す場所が決まっていて、かつ確実にボールを送り出せるときに使いましょう。

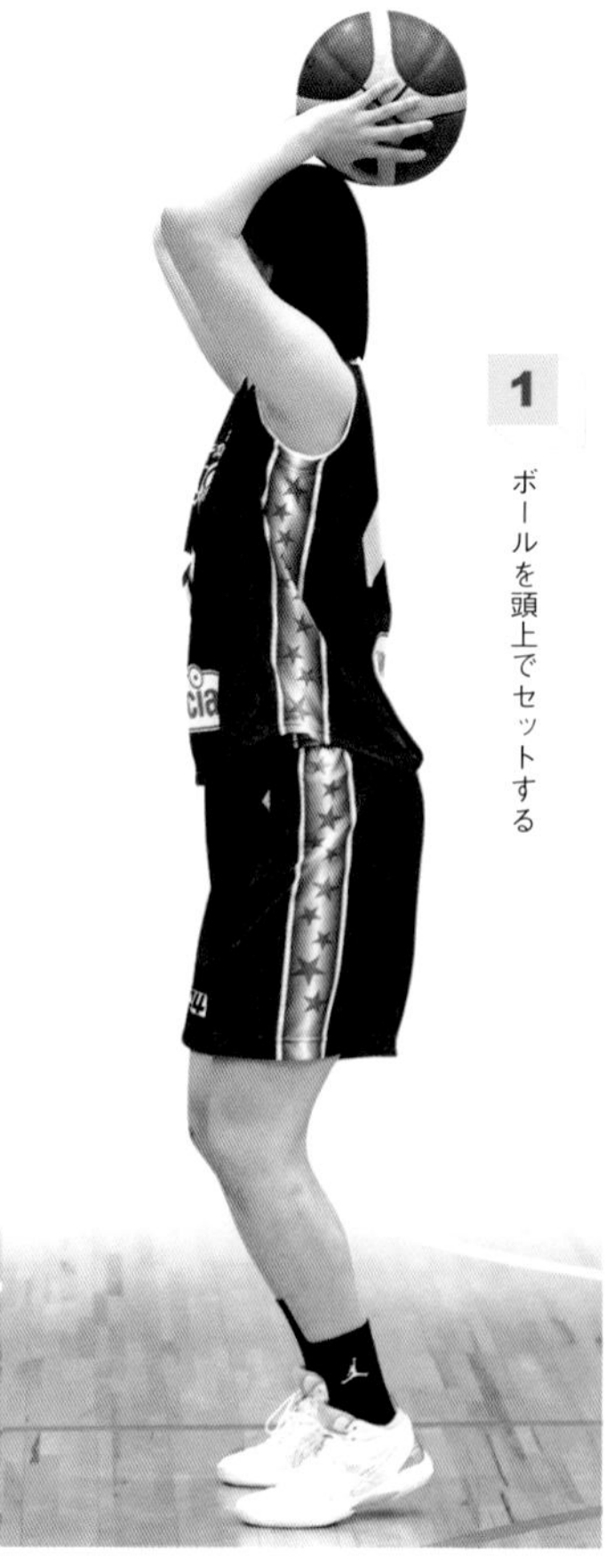

1
ボールを頭上でセットする

2
高い位置でボールをキープしたままジャンプ

実戦で活かす!
チェックポイント!

高い位置から手首のスナップをきかせる

ジャンプパスは高い位置でボールを離すことが重要です。このとき、手首のスナップをきかせて方向をコントロール。まっすぐな軌道になるよう、すばやくパスを出しましょう。

3
ひじを固定しおでこの上でパスの準備

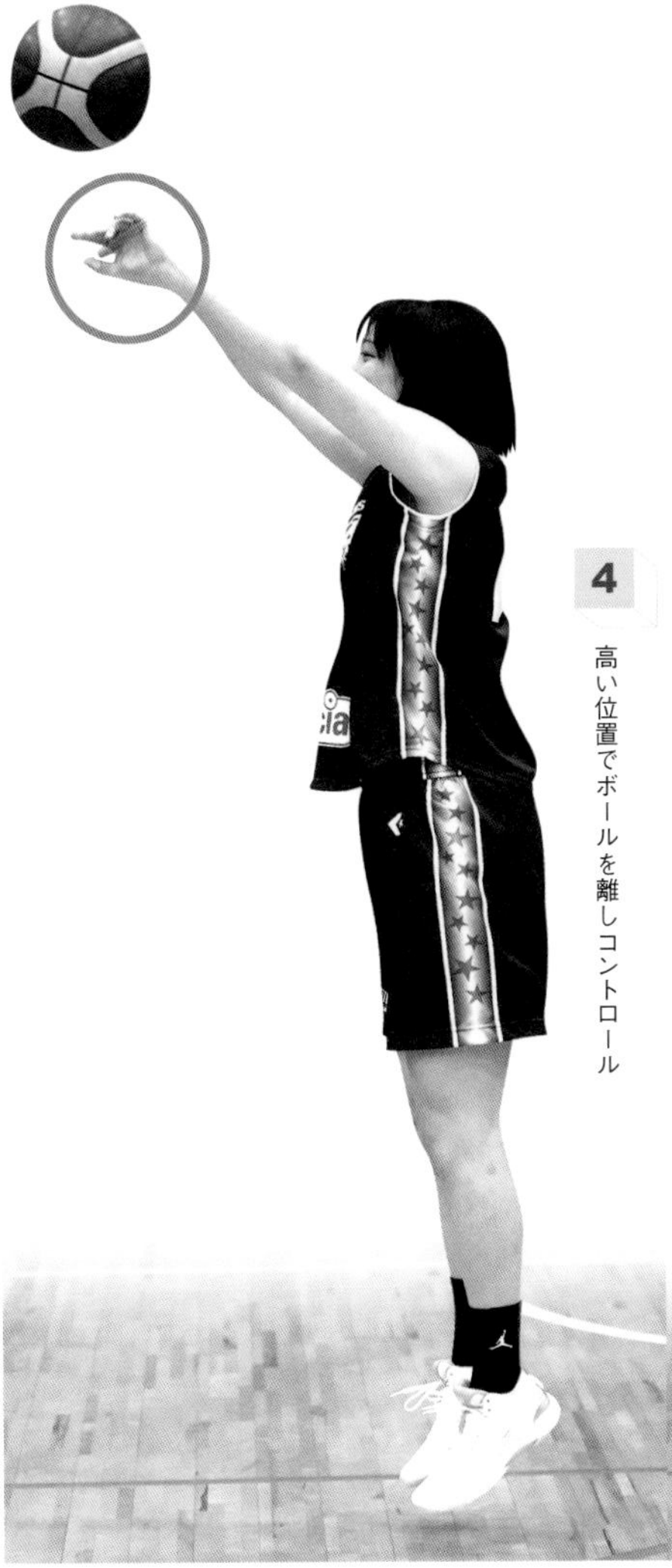

4
高い位置でボールを離しコントロール

遠くにいる味方へ出す ショルダーパス

ショルダーパスは、遠くの味方にすばやくボールを届けるためのパス。速攻の展開になった際によく使われます。

　パスを出すときはボールを肩に引きつけ、一歩前に足を踏み出しながら全身の力を使って飛ばしましょう。

　コントロールが難しく、相手ディフェンスにコースを読まれやすいため、使う機会は限られますが、必要なときには自信を持ってできるよう備えておきましょう。

3 重心移動で生み出した力をボールへ伝える

4 ボールを遠くの味方のもとへ飛ばす

実戦で活かす!
チェックポイント!

全身の力を使って遠くに運ぶ

肩からボールを投げる際は、腕を頭の後ろにまわして振りかぶらないように注意しましょう。ボールを持ったらすぐに肩口から全身の力を使ってボールを投げます。手の力だけではなく、軸足、下半身、上半身へと力を伝えながらボールを遠くに運びます。

うまくなるコツ!

軸足をしっかり踏み込んで床につけ、肩口から前方へボールを送り出そう

1 ボールを持った構えからパスの準備

2 片足を前に出し、ボールを肩に引きつける

ディフェンスの接近を回避するフックパス

ディフェンスに囲まれているときや、接近されプレッシャーをかけられているときに有効なのがフックパス。ディフェンスに対して半身に構えて防御し、横から腕を回してボールを頭上に投げます。

　ひじは肩より上に、手首はフックのような形にするのが理想のフォーム。腕を伸ばし、一番高いところからボールを出しましょう。

　また、ボールを押し出すのではなく、腕の遠心力を使って手から離すのがポイント。

　腕や肩が力まないように注意して、山なりの軌道を意識してディフェンスをかわしましょう。

1 片手で身体の横でボールをキープ

2 ひじを肩より上に上げ、横から腕を回す

実戦で活かす!

チェックポイント!

軸をまっすぐ保ち腕をしっかり回す

身体はひねらず、軸をまっすぐに保つことが大切。ボールを早く出そうとすると小さな軌道になりがちですが、大きな遠心力を得られるように腕はしっかりと回します。スピーディーなパス回しにつながります。

3

高い位置からボールを頭上に投げる

4

手首がフックのようになるのが理想

ディフェンスをかわすパスワーク

ディフェンスを意識した練習をすることで、それぞれのパスの活かし方が身についていきます。

ディフェンスをかわし、攻撃につなげるパスは、ディフェンスとの距離やリーチを確認しながら、スペースが空いたところにパスを通すのが基本です。ボールを持ったときにどこのスペースが空いていて、そのためにどのパスを使うかを瞬時に判断することが重要になります。

顔の横や腕の下は狙い目ですが、スペースがない場合はフェイクをかけて自ら作り出しましょう。

ディフェンスの腕の下のスペースを狙う

顔は後ろの軸足の方向に向けておく

逆方向のスペースへすばやくワンハンドパス

実戦で活かす!
チェックポイント!

目線の方向へパスは出さない

ディフェンスが接近しているとき、パスと同じ方向に目線を向けたままのパス動作は、ディフェンスに次の動きを悟られてボールを奪われる確率が高くなります。ピボットで体勢を整えてからパスする機会をうかがいましょう。

フェイクを入れてからディフェンスの腕の上を狙う

2

ディフェンスが動いたら上のスペースからパス

1

ディフェンスの腕の下を狙うパス動作

レベルアップできる!!
練習法 Lesson 1

ツーメンパスで足を動かす

パスだけでボールを運ぶ基本のパス練習

シンプルなパス&ランの練習の中には、レベルアップに必要な要素が詰まっています。２人でパスをつなぐ「ツーメンパス」は、４～５ｍの間隔を置いてチェストパスやワンハンドパスなどを行います。

しっかり足を動かして前進すること、走りながら相手の位置を判断して正確なパスを出すことが大切です。

パスを出した後は、一瞬前方を向くなど周囲の状況を確認する習慣をつけましょう。

相手が受け取りやすい位置へパスを出す

パスをした後は周囲の状況を確認

レベルアップできる!!

練習法 Lesson 2

ボールを2個使う スリーメンパス

中央のプレーヤーはパスを出したら逆サイドを視野に入れる

逆サイドからパスを受け取る準備をする

ゴール付近まで行ったらシュートを放つ

3人のプレーヤーで行う「スリーメンパス」は、人数が増えることでボールを出すタイミングを正確に判断することがポイントです。

最初はボール1個から練習。3人でスムーズにボールをつなげるようになったら、ボール2個で取り組みます。

パスをつなぐスピードを落とさないように、パスのタイミングを意識していきましょう。

レベルアップできる!!
練習法 Lesson 3

各ポジションのパス＆ランを身につけるトライアングルパス

フォーメーションに沿ったパス＆ラン練習

トップ１カ所とコーナー２カ所の位置を基点にしてスタンバイします。３カ所を結ぶと三角形になることから「トライアングルパス」と呼ばれる練習です。相手にパスをしたら走り、３カ所すべてのポジションで順番にパスを行っていきます。パスをする相手の前方へパスを出すのがポイント。

ハーフコートでパスを回す中でも、スピードが落ちないように注意しましょう。

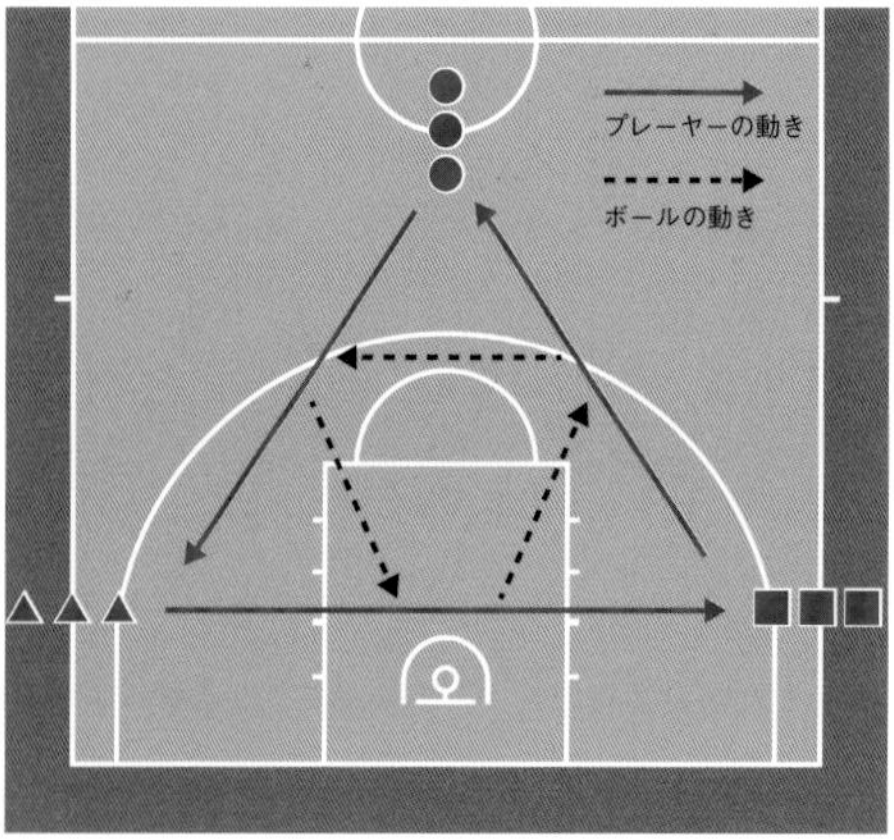

トライアングルの形で行うパス練習

相手の前方へパスを出して走る

レベルアップできる!!

練習法 Lesson 4

フォーメーションを想定したホーンズパス

トップ2カ所を「ツノ」に見立てて「ホーンズパス」と呼ばれる練習です。トップ2カ所、コーナー2カ所に4名配置します。

図の❶のようにコーナーへボールを出し、それを機にプレーヤーは反時計回りに123とポジションを移動。パスは❷❸❹のように時計回りに回していきます。❶のパスを出したプレーヤーは左コーナーまで走って❹のパスを受け取ります。❹まで行ったら逆サイドを行います。

パス&ランによって空いたポジションを穴埋めする意識を持つことがポイントです。

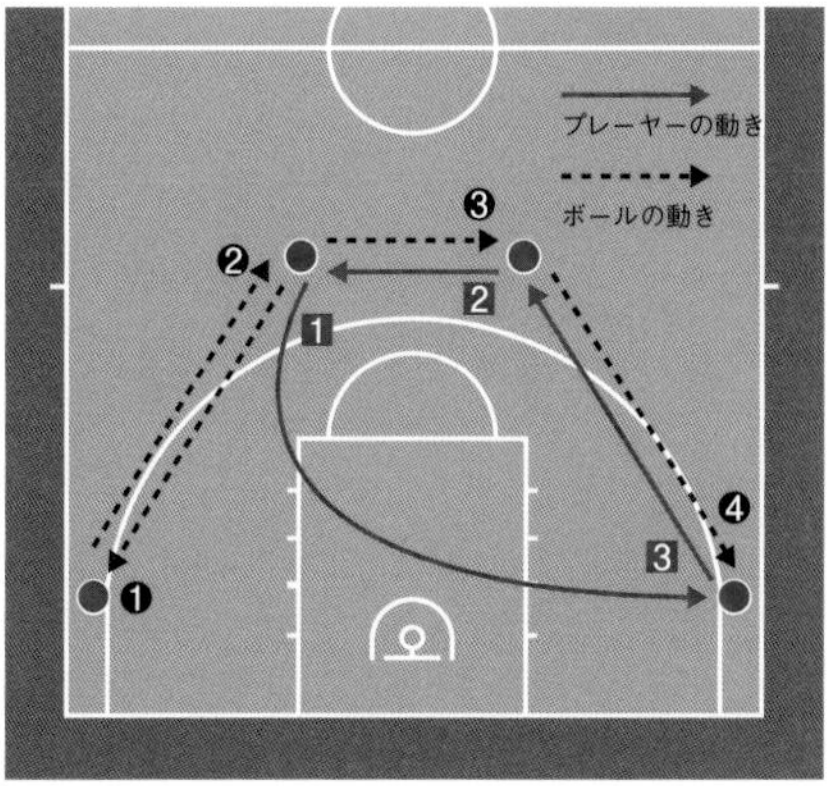

❶のパスを受け取ったプレーヤーは固定。
そのほかのプレーヤーは反時計回りに動き、パスは❷❸❹と時計回りにパスを回していく

❶のパスを出したプレーヤーは、コーナーまで走る

コーナーで❹のパスを受け取る

Column 1

シュート率UPを目指そう!!

本番にワープした気持ちでシュート練習に打ち込もう

シュートの成功率を高めるには、土台となるトリプルスレット、ピボット、ドリブル、パス技術の習得が大切ということは序章でも述べました。その４つの体勢からのシュートモーションがルーティンとなるように、繰り返しシュート練習を行いましょう。

少しずつシュートフォームが固まってきたら、試合を想定しながらのシュート練習へ。心拍数を高めた状態でのシュートやディフェンスにプレッシャーをかけられた状態でのシュート練習に取り組みます。

上達する秘訣は、緊張感を持ちながら行うこと。試合終盤、負けている場面をイメージし、ここで得点すれば勝てるなど、気持ちを高めながらシュートを打つこと。本番にワープした気持ちでシュート練習を行いましょう。

Shoot

シュート

第4章

ランニングシュートの基本 レイアップでゴールを狙う

ドリブルでゴール下に切り込んで打つランニングシュートは、確実性が高く身につけてほしいプレーのひとつ。

なかでも基本となるのがレイアップシュートです。一対一でディフェンスを抜いた後や、速攻で走り込みながらなど多くの場面で使える技術です。

大事なのはステップの踏み込み方。まずは1、2のリズムで決められるように練習します。

さらに同じツーステップでも歩幅で距離を調整すれば、ディフェンスのタイミングをずらして打つことが可能です。

目線は前を向ける

身体でボールを隠しながら1歩を踏む

うまくなるコツ!

目線を前に向けることで視野を広げ、的確に状況判断できる体勢を作ろう

実戦で活かす！

チェックポイント！

ボールを身体で隠すようにキープ

ディフェンス寄りにボールを保持していると、簡単に取られてしまいます。身体でボールを隠すように外側の腰の上の高い位置でしっかりとキープし、すばやくシュートフォームに入りましょう。

ボールを上方へ運びシュートへ

腰より高い位置でボールをキープする

ゴール下に回り込み レイバックで狙う

ゴール下を通過してから、リングに背中を向けたまま打つレイバックシュート。相手ディフェンスがタイミングを合わせてきたときや、横や背後からブロックされそうなときに、いったんゴールを通過し逆側に回り込んでシュートを打つテクニックです。

ツーステップで踏み込みながらゴールの位置を確認し、ゴールの逆側から腕を伸ばし高くジャンプしてシュートします。

高い位置でボールを保持し、最後までしっかりゴールを見て打ちましょう。

腰上でボールをキープしゴールを見る

身体でボールを隠し、1歩目を踏む

うまくなるコツ！

ゴール下を駆け抜けるように、ステップのスピードを落とさないことが重要

実戦で活かす！

チェックポイント！

切り替える判断を的確に行う

最初からレイバックの構えを見せてしまうと、ディフェンスに対応されてしまいます。ギリギリまでレイアップを狙い、打てるならそのままシュートへ。無理だと判断したらレイバックシュートに切り替える判断力が問われます。

4

腕を伸ばし高い位置でシュート

3

目線を上に向け、ゴールの位置を確認

Shoot
シュート

第4章

ワンステップで詰められる前に打つ

ここからは、ステップの歩数や歩幅を工夫してディフェンスをかわすランニングシュートの技術を紹介していきます。

　まずは2歩目で打つと思わせて、1歩目で踏み込んですばやくゴールを狙うワンステップシュート。

　ワンステップで踏み切ることでブロックのタイミングをずらし、ディフェンスが詰めてくる前に打つこともできます。

　ワンステップ、ツーステップの両方を身につければ得点力が格段にアップします。

うまくなるコツ!
片足の太ももをしっかり上げて
身体を空中へ持ち上げよう

3 ボールをしっかりキープし上方へ

4 片足を上げてバランスをとりシュート

実戦で活かす!
チェックポイント!

身体の軸をまっすぐに保つ

ワンステップシュートに慣れないうちは、バランスを崩しがち。それを回避するコツは、ステップに入るときから常にボールを高い位置で保持すること。そして身体の軸をまっすぐ保つよう意識しましょう。

うまくなるコツ!

ディフェンスの状態を見るために、目線をリングに向け視界を確保しよう

1 ドリブル時にディフェンスの状況を判断

2 1歩目を踏むと同時にボールを片手で持つ

ユーロステップで横に大きくすばやく動く

自分をマークするディフェンスを抜いた後、フォローがもう一枚寄ってきたときなどに有効なユーロステップシュート。ゴール下のディフェンスを、ジグザグのステップでかわしていきます。

ディフェンスを引きつけるように一歩目を踏み込み、ディフェンスが動いたら、すかさず逆サイドにステップします。

カットされないようディフェンスから遠い方の手でシュートするのがポイント。横に大きくすばやく動くことで、高さのある相手もかわせる技です。

1 ディフェンスを引きつけるように1歩目を踏み込む

2 2歩目を逆側へ大きく踏み出す

実戦で活かす! チェックポイント!

スピーディーにステップを踏む

ステップの横幅を利用するため、移動時間が遅いとディフェンスに囲まれてしまいます。ステップを踏む際は、スピーディーに行うのがポイント。リズミカルにディフェンスをかわしていきましょう。

4 ボールをしっかりキープしリングへ近づける

3 ボールを身体から離してシュート体勢へ

ディフェンスを抜き去るギャロップシュート

大きなジャンプでシュートフェイクをかけ、ディフェンスを置き去りにして打つギャロップシュート。最初のフェイクは上にジャンプするというより、大きく前に跳んでディフェンスを抜き去ることを重視しましょう。

ゴール下で両足着地したら、そのままレイアップシュートの動作へつなげていきます。

相手の位置によっては、反転して背中を向けるようにジャンプするとボールをガードできて効果的です。

1 ドリブルから大きなモーションで前へジャンプ

2 目線はゴールに向けて両足で着地

実戦で活かす!
チェックポイント!

着地を丁寧にしっかり止める

力強いシュートモーションで飛距離を出す分、着地を安定させるのが難しい面も。1歩目のジャンプ後の着地が流れないよう丁寧にしっかり止めることで、レイアップシュートの安定性が上がります。

3 身体の軸がぶれないように
着地後、シュート体勢へ

4 ボールを上方へ持っていき
安定した体勢からシュート

腕を大きく回して打つフックシュート

相手ディフェンスが高いときや、近距離でプレッシャーを受け正面からシュートを打てないときは、フックシュートでゴールを狙いましょう。

　ディフェンスから遠い外側の手でボールを保持し、腕を大きく回して高い位置でボールを離します。

　踏み切るときは、反対側の足をしっかり上げると空中での姿勢が安定します。

ボールを腰上で保持しながら1歩目を出す

2歩目と同時に腕を大きく回す

実戦で活かす！
チェックポイント！

試合を想定したフォーム固めが大切

試合の状況に応じて左右どちらの手からでも同じフォームで打てるように練習しましょう。シュートを放つ手に意識がいってしまいがちですが、ディフェンス側の手でブロックをしっかりガードしましょう。

手首のスナップを使ってゴールを狙う

片足でバランスをとりジャンプ

うまくなるコツ！

手首のスナップでボールをコントロールしてゴールを的確に狙おう

ディフェンスとの間合いを詰めずに打つフローターシュート

　ディフェンスを振り切ったのに、ゴール下で大きな選手が待ち構えている。こういったシーンでは、焦らずフローターシュートを選択しましょう。

　ディフェンスとの間合いを保ったまま、まっすぐ上にジャンプして、ふわりと浮かせたシュートを放ちます。

　大きなアーチを描くよう打点は高く、そして手首のスナップをきかせてコントロールします。

　高いブロックの上を抜けるので、背の低い選手にとっては大きな武器となります。

うまくなるコツ!
ディフェンスとの距離をいち早く判断して
すばやくシュート体勢をとるのがポイント

1 ディフェンスとの距離を判断して1歩目を踏む

2 目線はゴールに向け
ワンハンドシュートの体勢をとる

実戦で活かす!
チェックポイント!

身体を安定させ高い打点を維持

まずはドリブルからジャンプストップして打つ練習がおすすめ。着地でしっかりと両足を踏み込んで身体を安定させ、その力を上方に伝えるように、高い打点でボールを放ちましょう。

うまくなるコツ!

ディフェンスの頭上を越すために腕の力だけではなく、体幹の力をボールに伝えよう

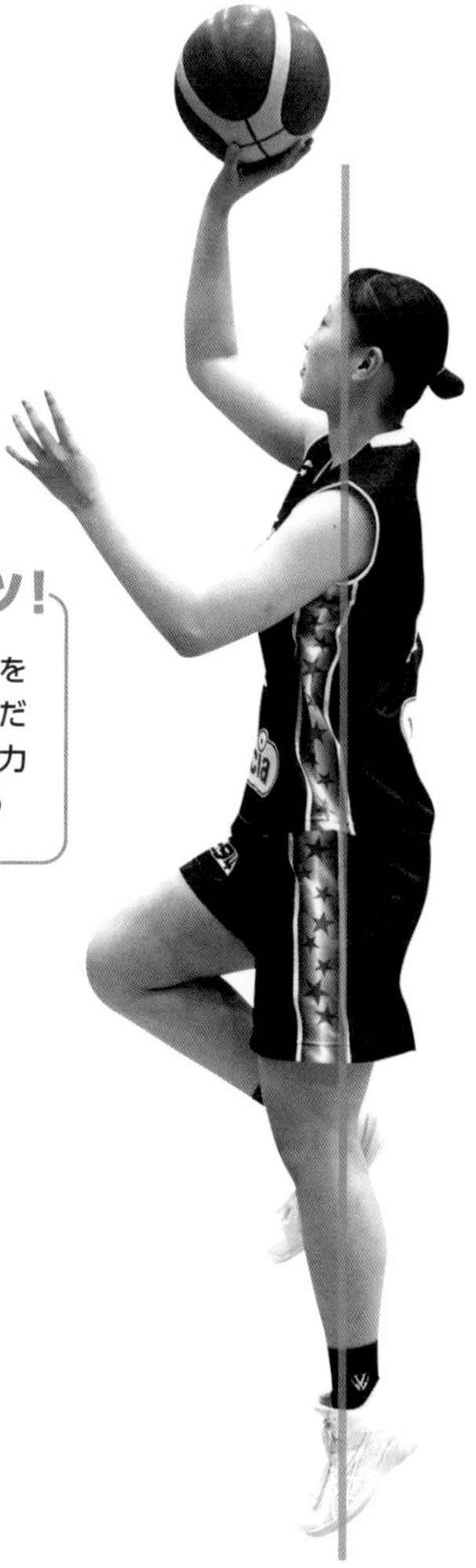

3 身体の軸をまっすぐに保ち視野を確保しシュート

4 手首のスナップでボールをコントロールする

レベルアップできる!!
練習法 Lesson 1

土台となるドリブルの
スピードを意識する

土台となるドリブル技術を磨く

ランニングシュートと大きく連動し、その土台となるプレーは、ドリブルの質です。24秒以内にいい状態でシュートを打つためには、ドリブルのみでボールを運ぶ場合、4～5秒ほどで自陣のコートに入るのがベスト。秒数を計り、最速のスピードを意識してドリブルシュートを行います。

1人でもできる練習です。スピードに乗った状態でもフォームを崩さないように心がけましょう。

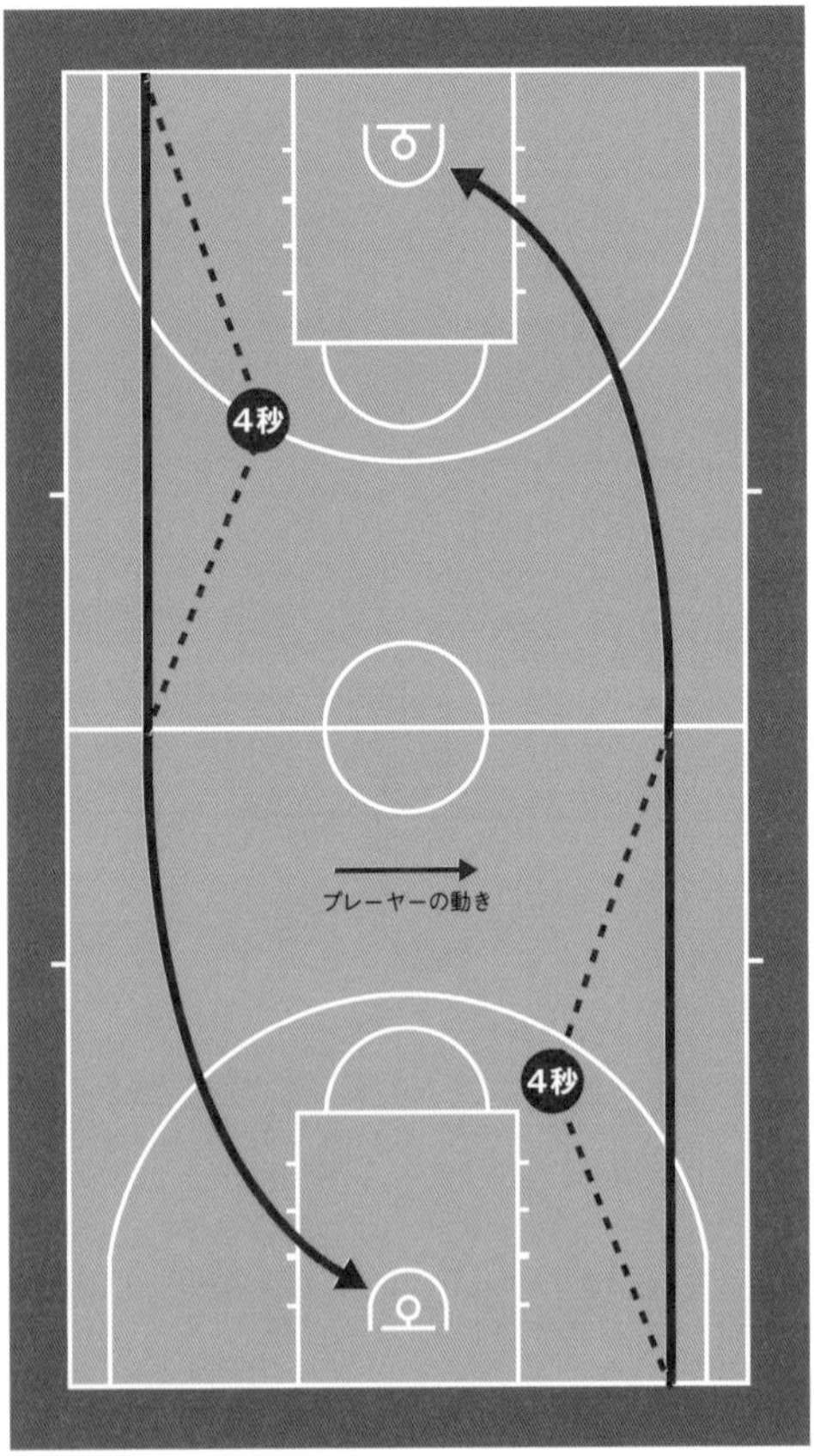

エンドラインから自陣まで4～5秒ほどで運ぶのがベスト

レベルアップできる!! 練習法 Lesson 2

45度の角度からランニングシュート

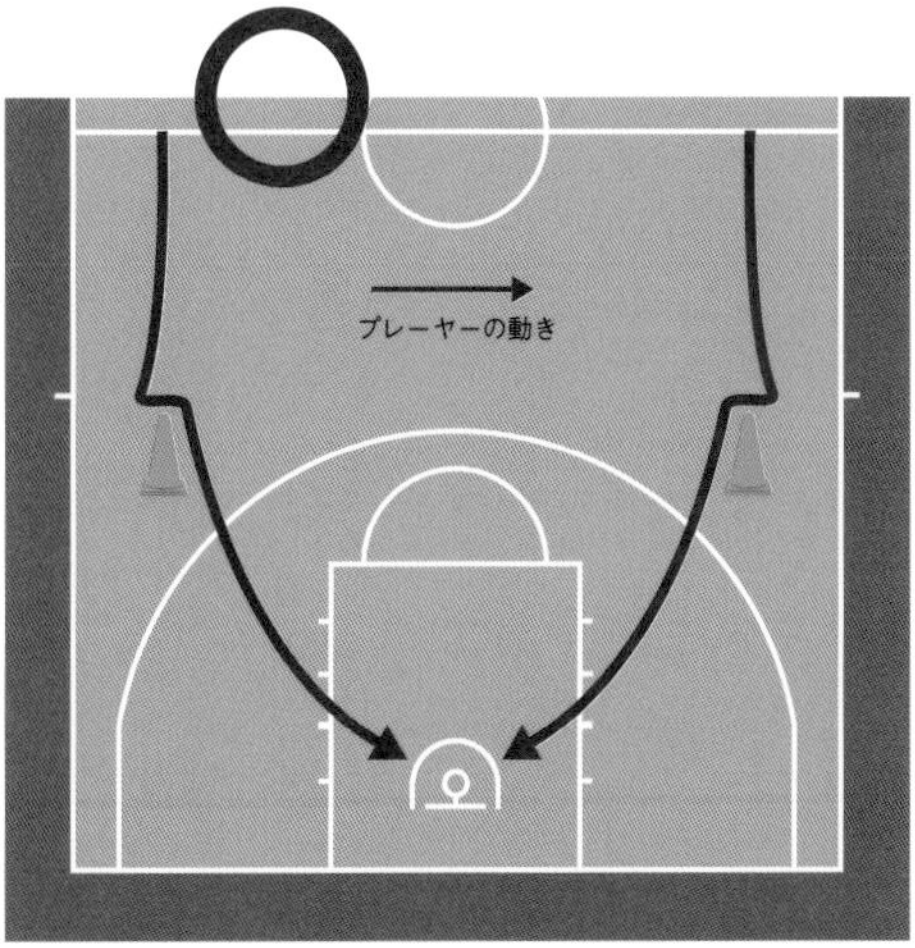

45度からのランニングシュート

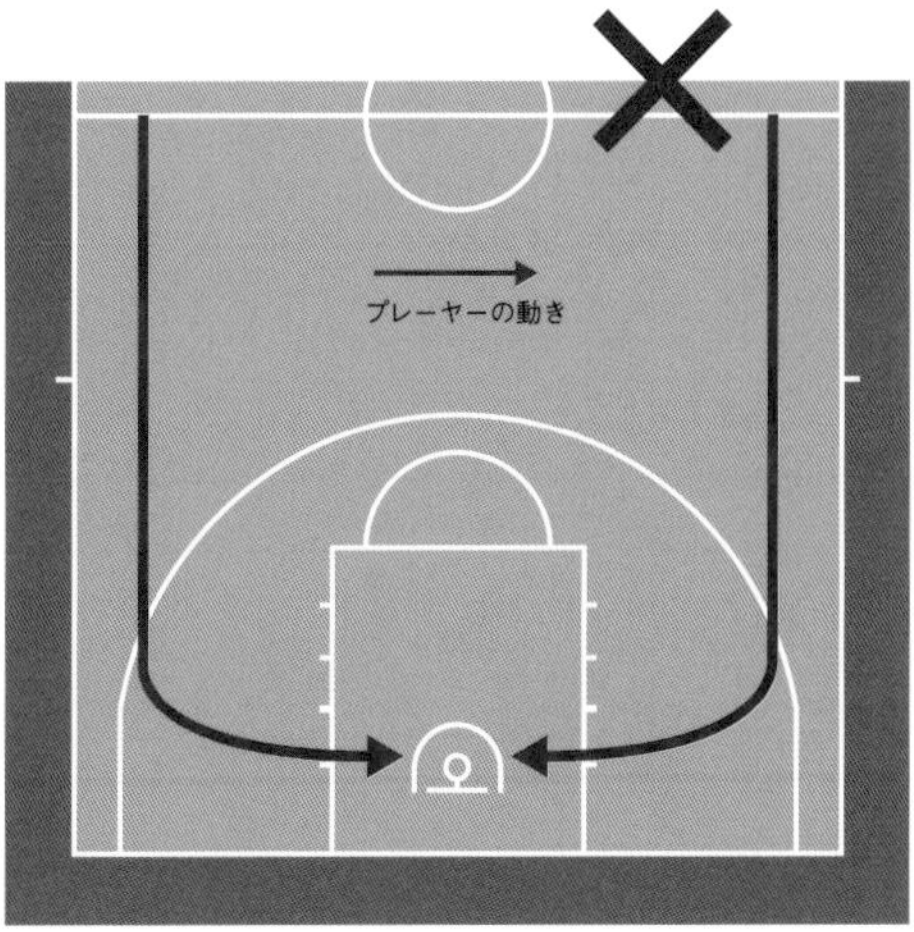

コーナー付近をまわったシュート

カラーコーンを置いて目印にする

ランニングシュートは、45度から行うことでバックボードを利用できるため、決まる確率が高くなります。パスからのランニングシュート練習では、外側の足をしっかり蹴って身体の重心を中側へ持っていきカットインしましょう。

カラーコーンなどの目印を置きます。カラーコーンの外側、つまりコーナー付近をまわってしまうと、ボールのもらう位置が悪くなりシュートの決定率が低くなるので注意しましょう。

Shoot
シュート
第4章

ゴールの近距離からドリブルシュート

ゴールの近距離から、ドリブルでゴールを狙う練習です。フリースローエリアの曲線を利用してドリブルしてシュート体勢に入ります。慣れてきたら、ゴール下にディフェンスを立たせたり、一対一からシュートを狙います。

ディフェンスに接触された状態でも、シュートを決めることが大切。ディフェンスファウルが起きれば、フリースローももらえて決めれば3点プレーになります。

レベルアップできる!! 練習法 Lesson 3

曲線に沿ってコントロール サークルドリブル

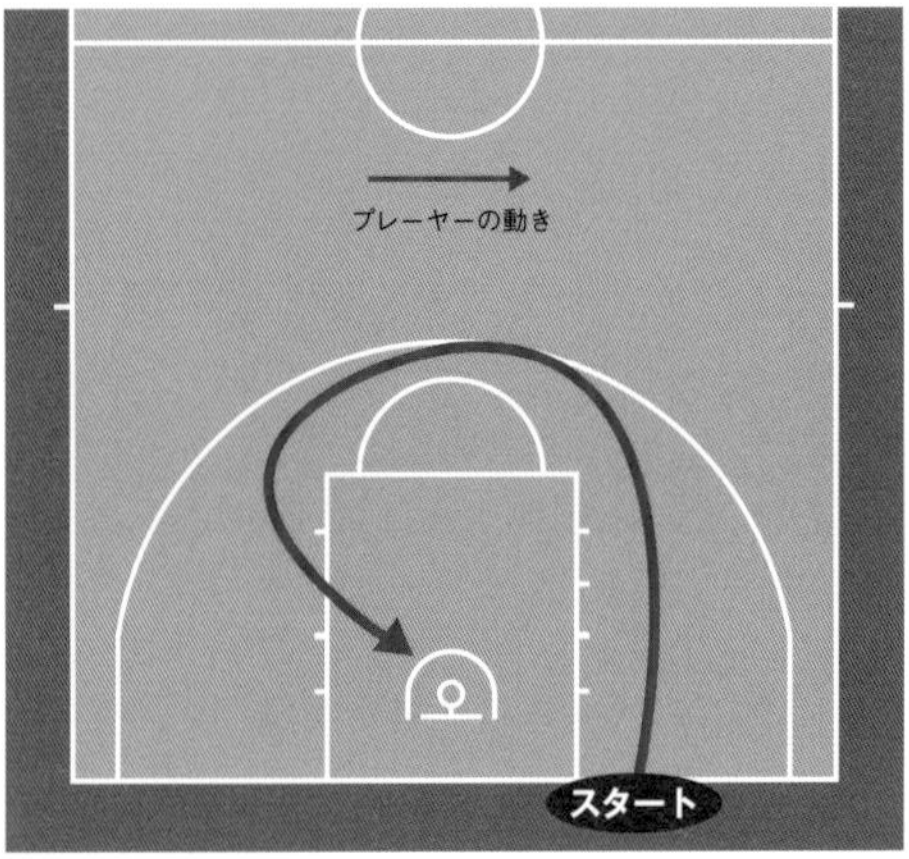

ゴール下からスタートし、フリースローエリアの曲線に沿ってドリブルを行う

一対一からのサークルドリブル練習

Jump&Long Shoot

ジャンプ＆ロングシュート

第5章

Jump&Long Shoot

ジャンプ＆ロングシュート

第5章

ゴールから離れて打つシュートの成功率を上げる

攻撃は24秒という時間の中でいかに確率の高い攻撃を仕掛けるか、状況に応じて判断することが重要です。

ディフェンスとしては、オフェンスがゴールから離れられるほどシュートを防ぐのが難しくなります。そのため、ディフェンスが離れているときこそ、積極的にスリーポイントシュートやジャンプシュートを狙っていくことが勝利のカギを握ります。

とくにスリーポイントシュートはチームが劣勢のときや、少ない残り時間で点差を詰めて逆転したいゲーム展開のときに、試合の流れを変える大きな武器になります。

ジャンプシュート

フリースローライン付近から高い位置でゴールを狙う

スリーポイントシュート

スリーポイントラインの外側から打つロングシュート。
3点獲得を狙う

逆にスリーポイントシュートを警戒してディフェンスが前に出てきたら、ドリブルで切り込む、ゴール下の味方にパスを出すなど攻撃の選択肢も広がります。

　ただし、シュートをはずしたときにリバウンドから速攻に持ち込まれるリスクもあります。シュートをやみくもに打つのではなく、自信を持って打てるシュート技術を身につけていきましょう。

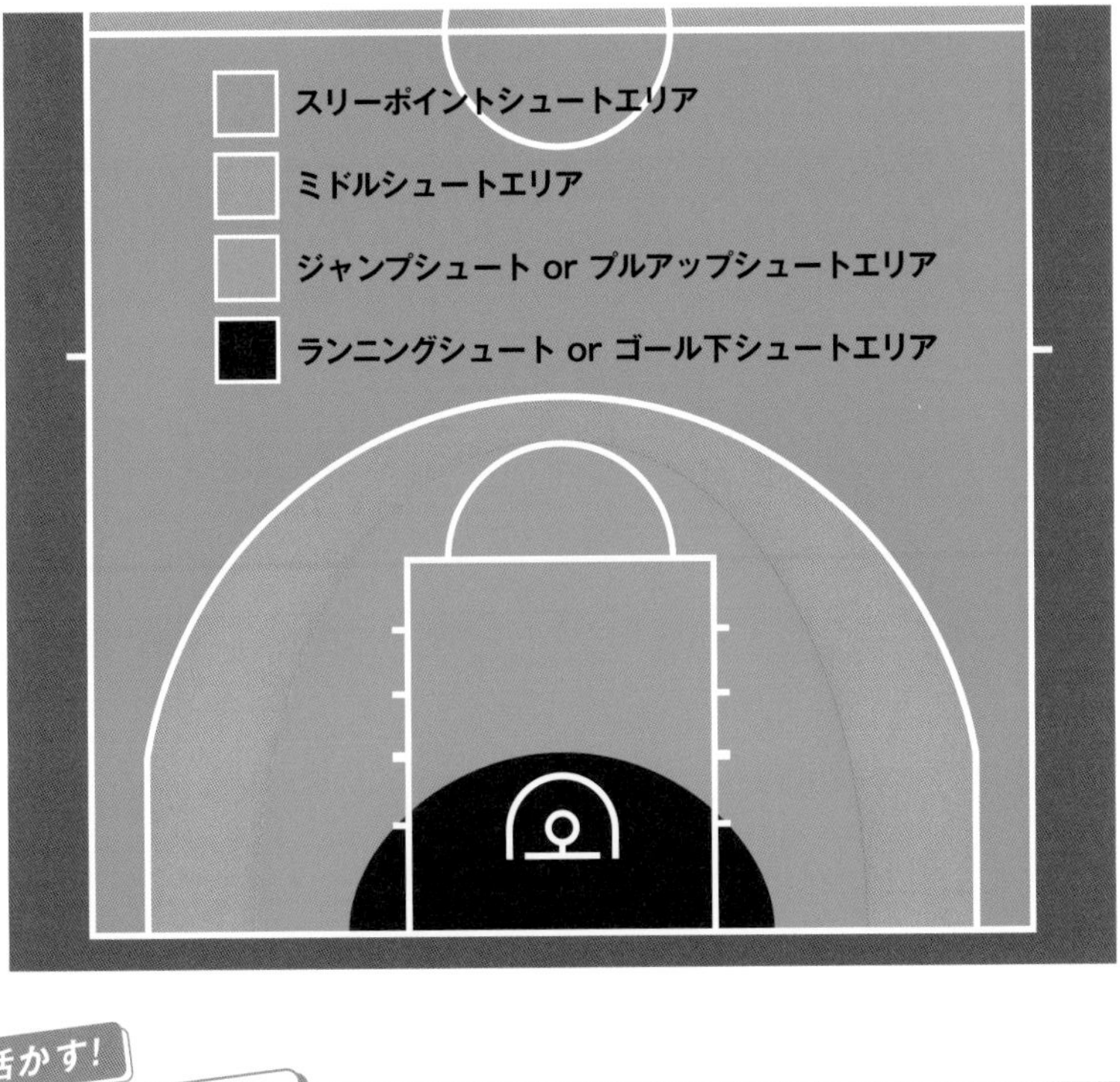

実戦で活かす!

チェックポイント!

パス、ドリブルは シュートの精度を左右する

精度の高いシュートは、それまで味方がつないでくれたパスやドリブルのカットインによって生み出されるもの。シューターにいい状況で打たせるためにアグレッシブにボールをつないでいきましょう。

高い打点でボールを放つジャンプシュート

ジャンプの最高到達点でボールを放つジャンプシュート。打点が高く、ディフェンスにブロックされにくいシュートです。

ゴールと離れた場所から狙うときは、下半身の力をボールに伝えて飛距離を出します。

腕の力に頼ろうとするとフォームが安定せず、コントロールも悪くなるので要注意。

応用編として、頭上でボールをキープし、高さを確保して打つテクニックもあります。カットされにくくなりますが、高い位置でボールを安定させる必要があるため、繰り返し練習しましょう。

1 ひざを深く曲げて腰を落とす

2 身体の軸をまっすぐに
ボールをおでこの前にセット

実戦で活かす!
チェックポイント!

止まった状態からジャンプする

スピードに乗った状態からジャンプシュートを打つ際は、両足ストップか1、2のステップでしっかり停止すること。バランスを崩して3歩目が出てしまうとトラベリングの反則になるので、確実に止まる意識が大切です。

うまくなるコツ!

まっすぐな姿勢を意識して高い位置でボールを離そう

3 下半身の力を上半身へ伝えながらジャンプ

4 高い位置でしっかりボールをキープ

5 手首のスナップをきかせながらシュート

Jump&Long Shoot
ジャンプ＆ロングシュート
第5章

パスキャッチからすばやくジャンプシュート

パスキャッチからクイックモーションで決めるジャンプシュートは、理想的な攻撃の形のひとつ。正確なシュートにつなげるために、基本のパスキャッチを再確認しましょう。

パスを受けるときは、両手の手のひらでしっかりミートするよう指先を開いてボールを迎えにいきます。

試合中は、常にこの基本のパスキャッチを意識しておくことで、無駄なアクションが減りスピーディーに攻撃を展開できます。

うまくなるコツ!

ボールにしっかりミートしてすばやくシュートモーションに入ろう

1 パスがくる方向へ手のひらを向ける

2 手指をしっかり開いた状態を作る

実戦で活かす！ チェックポイント！

キャッチと同時に手首を立てる

すぐにシュートモーションに入るコツは、手首をしっかり立てた状態でボールをキャッチすること。身体の軸をまっすぐにして視線は上を向けたまま、シュートを狙いにいきましょう。

5 ひざを曲げてジャンプの準備。そのままシュートへ

4 しっかり踏み込んでゴールを向く

3 手首を立てた状態でボールをキャッチ

リバウンドからのジャンプシュート

ジャンプシュートは、遠くから狙うだけでなくゴール下でリバウンドを取ったときにも使いたいシュート技術です。

ボールが落ちる地点を予測してリバウンドに入り、高い位置でボールを取ったら一旦着地し、すかさずシュートへ。リバウンドキャッチからシュートまで、ひじを張ってボールはなるべく胸より高い位置をキープします。

その場で垂直に飛び上がってシュートを打つのか、後方に流れるようにジャンプするのかなど、フィニッシュはディフェンスの状況を見て判断しましょう。

高い位置でリバウンドキャッチ

顔を下げずに状況を判断

実戦で活かす!
チェックポイント!

ディフェンスにひじの先を向けないように注意

リバウンド時は、ノーチャージエリアでもディフェンスにひじの先を向けたら、アンスポーツマンライクファウルの反則になります。ゴール下で混み合ったときは、注意しましょう。

うまくなるコツ!

ボールキープ時はひじを張ってディフェンスからボールを守ろう

ボールをキープしながら一度着地

再びボールを高い位置へ持っていく

ディフェンスをかわして
ジャンプシュート

コントロールしやすいワンハンドロングシュート

ロングシュートは、両手の方が距離を出せるイメージがあるかもしれませんが、今はワンハンドが主流です。ボールを片手でコントロールしやすいことがその理由です。

片手で距離を伸ばすポイントは、身体全体を使って押し出すようにボールに力を伝えること。

理想の軌道の角度は45～55度。高く投げることに意識が向かってしまうと、最適な軌道を描けません。

親指と人差し指、中指でボールに回転をかけます。ボールを放った後は、指をゴールへ向け、フォロースルーを意識しましょう。

1 ボールをあごの前で構え、目線はリングへ

2 右手でボールを持ち、左手は横で支える

実戦で活かす!
チェックポイント!

自分に合ったフォームを見つける

ボールがゴールまで届かない人は、最初は打ちやすいフォームでOK。自分に合った打ちやすいフォームを見つけながら、いろいろな角度、距離から繰り返しシュートを打ち、フォームを固めていきましょう。

うまくなるコツ!

腰を落とし下半身の力を使ってボールを押し上げよう

5 親指、人差し指、中指を使って回転をかける

4 ボールを押し出すように上方へ

3 ひざを深く曲げて力をためる

身体の重心移動を利用するロングシュート

ロングシュートを両手で打つ場合は、脇の下にこぶし１つ分、空けるのが基本姿勢です。

足は肩幅に開き、利き足を少し前に出して構えます。

そして利き足の母指球に重心を置き、ひざとつま先はゴールの方に向けて構えたら、その力を上半身から指先までまっすぐに伝えるイメージでボールを放ちます。

両手でフリースローを打つときも、この感覚を思い出すとよいでしょう。

1 脇の下にこぶし１つ分、入るほど空ける

2 利き足の母指球に重心を置きひざとつま先をゴールに向ける

実戦で活かす!

チェックポイント!

シュート体勢をとりながら周囲も確認する

ロングシュートを狙いつつ、次の展開も想定できると攻撃の選択肢が広がります。顔を上げて視野を広くとり、常に味方の位置を確認。シュートモーションにつられてディフェンスが寄ってきたらパスを出すこともできます。

うまくなるコツ!

頭からお尻まで1本の串が刺さっているイメージでボールに力を伝えよう

5 下半身、上半身、指先まで力を伝えるようにしてボールを放つ

4 身体の軸をまっすぐにして下半身の力を上半身に伝える

3 身体の中心に重心がくるイメージでひざを曲げる

成功率が上がるスリーポイントシュートの軌道

スリーポイントシュートが決まり出すと、試合の主導権を握る大きな原動力になります。距離がある分、コントロールが難しいシュートですが、バックボードに狙いを定めるのがおすすめです。

ゴールに吸い込まれるようなスリーポイントシュートを打つには、放ったボールが45～55度の軌道を描くのが理想。

軌道が低すぎるとブロックされやすくなりますし、逆に軌道が高すぎる山なりのシュートは落下が早く、ゴールまで届かない可能性が出てきます。

実戦で活かす!
チェックポイント!

打ち出し位置が低いと角度がつかない

シュートの打ち出し位置が顔の下など低い位置にあると、その分シュートの軌道も低い角度になり直線的になってしまいます。顔の前でボールを構え、おでこの上でボールを放つようにしましょう。

シュートの成功率が上がる角度

理想は45～55度。大きく弧を描くことでリングの上から落ちやすく成功率が高まる

シュートの成功率が低くなる角度

45度以下の角度はリングへ直線的にボールが向かってしまうため、決まる確率が低くなる

逆をついてチャンスを作るパスフェイク

ここからはシュート時に使えるフェイク技術を紹介していきます。

ディフェンスのマークが厳しくて身動きが取れない。そんなケースで効果的なのがパスフェイクです。

味方へパスを出すと見せかけてディフェンスを動かし、チャンスを作ります。

横にいる味方にチェストパスを出すフェイク、インサイドにオーバーヘッドパスを出すフェイクなど周りの状況を見て判断します。

ディフェンスがパスカットしようと飛び出してきたら、すばやく逆方向にパスを出すか、ジャンプシュートに持ち込みましょう。

ボールをキープし目線はサイドへ

うまくなるコツ！

相手ディフェンスの特徴を見てフェイク動作を変えていこう

サイドへパスする動作を行う

実戦で活かす!
チェックポイント!

効果的なフェイクを仕掛ける

パスフェイクはいかに相手の逆をつくかがポイント。低い姿勢のディフェンスには頭上でボールを動かすフェイクが効きます。リーチが長い選手には、身体の動きだけでフェイクをかける方が効果的です。

3

ディフェンスが動いて生まれたスペースを確認

4

すばやく前進しシュートへ

ゴール付近で活用できるステップイン

ステップインは、ディフェンスをかわしながらゴールへの距離を縮める技術。ゴール付近でパスを受けたとき、すばやく踏み込んでシュートを打つことができれば得点力アップにつながります。

ボールキャッチと同時に両足を床につけ、目の前のディフェンスにフェイクをかけてズレを作り出します。

そして、ずらしたスペースに身体を入れるように片足を大きく踏み出してシュートへ。

フェイクの際は、相手の重心を確実にずらせるようにボールをコントロールしていきましょう。

ドリブルで前進

左側に重心をかけてシュート体勢に入る

実戦で活かす!
チェックポイント!

ボールを守るように肩から踏み込む

キレのあるステップインのコツは、姿勢を低く保ち、腰を下げた状態から動き出すこと。またこのとき、肩から身体を入れ込むようにしてステップを踏み、接近戦でボールを守ります。

うまくなるコツ!

軸足をしっかり固定させると下半身が安定し、ボールをスムーズに移動できる

3 ディフェンスの動きを見て右サイドへ

4 肩から右側のスペースに前進

5 後ろの足を一気に右サイドへ持ってくる

ディフェンスを上下に動かすポンプフェイク

ボールを上下に動かしてシュートの構えを作るフェイクが、ポンプフェイクです。

ディフェンスにとっては左右よりも上下の重心移動の方が対応しにくいものです。ディフェンスの重心を上げ下げさせ、その隙にシュートを狙います。

身体をぶつけることをいとわずシュート体勢に入ることで、相手のファウルを誘う効果も期待できます。

実戦の中で取り入れやすいフェイクのひとつです。

うまくなるコツ!

下半身をしっかり安定させて上下の動きをダイナミックに仕掛けていこう

シュート動作を行い、ディフェンスの重心を高い位置へ持っていく

次に低い位置にボールを持っていきディフェンスを誘う

実戦で活かす!
チェックポイント!

ディフェンスの反応を見ながら身体をコントロール

シュートフェイクは、本当にシュートを打つと思わせる動作がカギ。ボールを上下に動かしたり、身体のみを動かしたりして、ディフェンスの反応をうかがいながら、身体をコントロールしましょう。

うまくなるコツ!

ボールキープ時はしっかり手首を立てて、スムーズにシュートを打てるようにしよう

そのままシュートを放つ

すばやくボールを上方へ持っていく

ゴールから離れながらターンして狙うシュート

ゴール下でディフェンスとゴールを背にした状態から、正面にターンして放つターンアラウンドシュート。

ポストプレーの基本となるスキルです。

ボールを受けた後、ディフェンスの位置が離れているときに有効。あらかじめディフェンスの位置を把握しておくとスムーズです。

軸足と反対の足ですばやくターンし、着地と同時にジャンプシュートを打ちます。

振り向きざまにシュートを狙うため身体が流れないよう、一つ一つの動作を確実に行いましょう。

うまくなるコツ！

視野を確保してゴール下の状況を把握してターンしよう

1

ゴール下付近でディフェンスにつかれる

2

一度後ろを向いてゴールから離れる

実戦で活かす！
チェックポイント！

バスケ上達の要素が詰まった技術

ターンアラウンドには、バスケットスキル上達に必要な「ターン」「シュート技術」「判断力」の要素が詰まっています。初心者には難易度が高い技術ですが、とくにセンタープレーヤーはぜひ身につけましょう。

うまくなるコツ！

シュートの打ち出しはできるだけ高い位置から。ディフェンスの頭上を越えるイメージで打とう

3

ターンを行い、再びゴールへ身体を向ける

4

ディフェンスから離れた位置で
シュートを打つ

ボールを持ち替えディフェンスをかわすダブルクラッチ

ダブルクラッチとは「2回つかむ」という意味。シュートの際、ボールを逆の手に持ち替えて打つテクニックです。

例えば、自分についているディフェンスを抜いてゴール下へ切り込んだときにヘルプのディフェンスが寄ってきたら、ダブルクラッチでフェイクをかけてレイアップシュートへ持ち込みます。

ポイントは、シュートモーションに入った手を一度しっかり下げること。これでブロックのタイミングをずらします。左右どちらの手でもできるように練習しましょう。

うまくなるコツ！

レイアップシュートを打つつもりで高くジャンプしよう

レイアップシュートがディフェンスに阻まれる

一度ボールを下ろして両手で持ち替える

実戦で活かす!

チェックポイント!

ひざを曲げて滞空時間を延ばす

ダブルクラッチのコツは、できるだけ高くジャンプすること。そしてひざを曲げるように引き上げ、滞空時間を延ばします。飛びながらブロックの位置を見定め、なるべく遠い位置からシュートを打ちましょう。

うまくなるコツ!

空中でボールを持ち替えるときは身体でディフェンスからボールを守ろう

指先でボールをしっかりコントロールする

着地する前に再び
レイアップシュートを仕掛ける

レベルアップできる!!
練習法 Lesson 1

上半身の力を使ってシュートを打つ

身体に負荷をかけたシュート練習

シュートの際、狙ったコースに向けてボールに回転をつける練習。仰向けになった状態で胸の前でボールを構えます。手首のスナップをきかせながら、天井に向かって真上にボールを押し出します。

落下時にボールが身体の外にいかないように。ボールが胸の前にまっすぐ落ちてくるようにコントロールすることを意識しましょう。

また、椅子に座った状態でのシュート練習もおすすめ。下半身の力が使えないため、上半身の力だけでシュートを打ち、フォームを固めていきます。

胸の前でボールを構え、まっすぐ上へ向かって
ボールを押し出す

体幹を使ってシュートを打つ

レベルアップできる!! 練習法 Lesson 2

片足立ちの状態からシュートを打つ

フリースローラインあたりの距離から、片足でシュートを打つ練習。片足を上げた体勢でボールを床につけた状態からシュートフォームを作ります。

重心がぐらつかないようにバランスをとり、腰を落として下半身の力を使うのがポイント。目線は常にリングを向き、身体の軸を意識して正確なシュートを打てるように心がけてください。

応用編として正面だけではなく、ボールを身体の左右につけた状態からシュートを打ってみましょう。

応用編として身体の外側でボールを床につけるバリエーションもある

片足でひざを曲げ、ボールを床につける

バランスをとりながらボールを持ち上げる

ボールを顔の前で構えてシュート体勢に入る

体幹の力と両手を使ってシュートを放つ

レベルアップできる!!
練習法 Lesson 3

身体を180度回転させてシュートを打つ

身体をしっかり止めるシュートフォームを作る

フリースローライン周辺で、ゴールとは反対向きに構えます。その場で腰を落として身体を回転させ、ゴールを向きます。

身体がゴールへ向いた瞬間、軸がぶれないようにしっかり止まるのが大切です。

ぶれた状態からシュートを打ってもボールに力が伝わらず、精度が落ちてしまいます。

しっかり止まってシュートモーションに入る習慣を身につけましょう。

ゴールに背を向けた状態で構える

ボールを持ったまま、回転する

身体を宙に浮かせてジャンプ

着地時はしっかり止まり、シュート体勢へ

レベルアップできる!! 練習法 Lesson 2

足の指の力を高めてプレーの幅を広げる

バスケットボールプレーヤーの生命線とも言える止まる力を高めるには、足の指の動きと力を身につけることが近道。もっとも簡単なトレーニングが、足の指でジャンケンや、床に敷いたタオルを指で強くつかむこと。指を折り曲げたり、広げたり、親指と人差し指を突き出すなど、できるように練習しましょう。

また足の指で折り紙を折るのもおすすめ。指をいろいろな角度に動かして鶴を折ってみましょう。

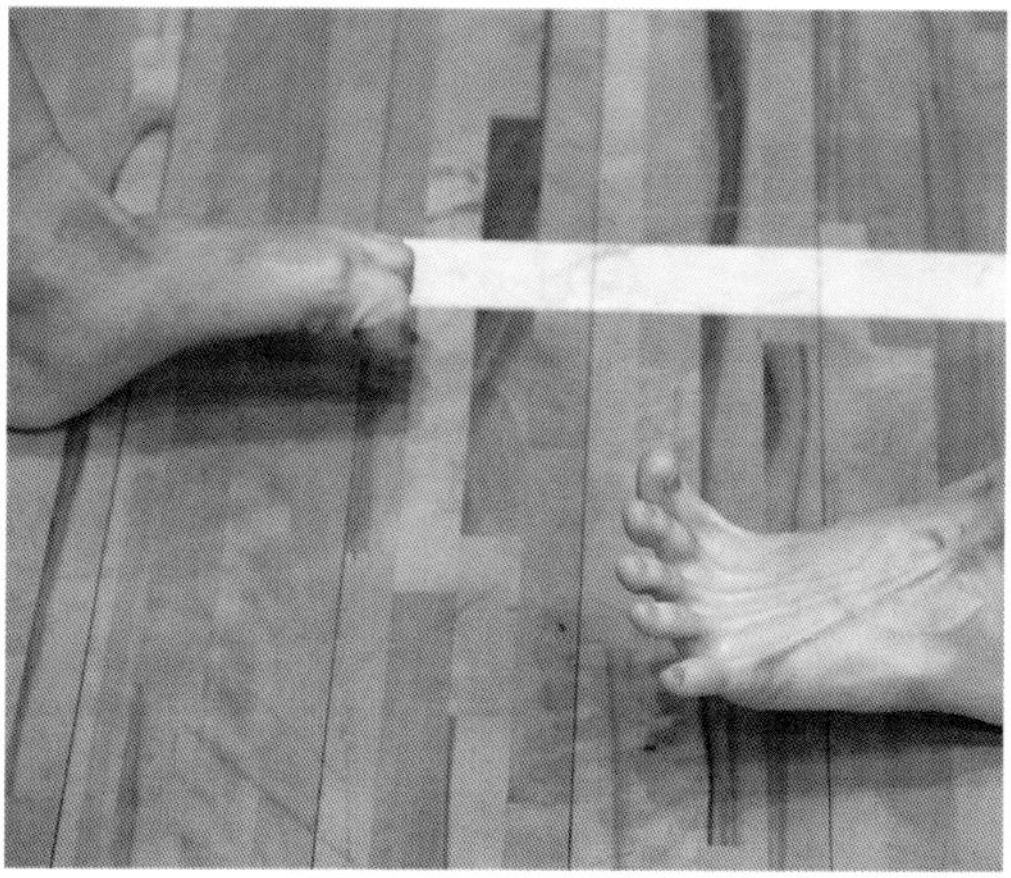

足指でグー、チョキ、パーを作ってジャンケン

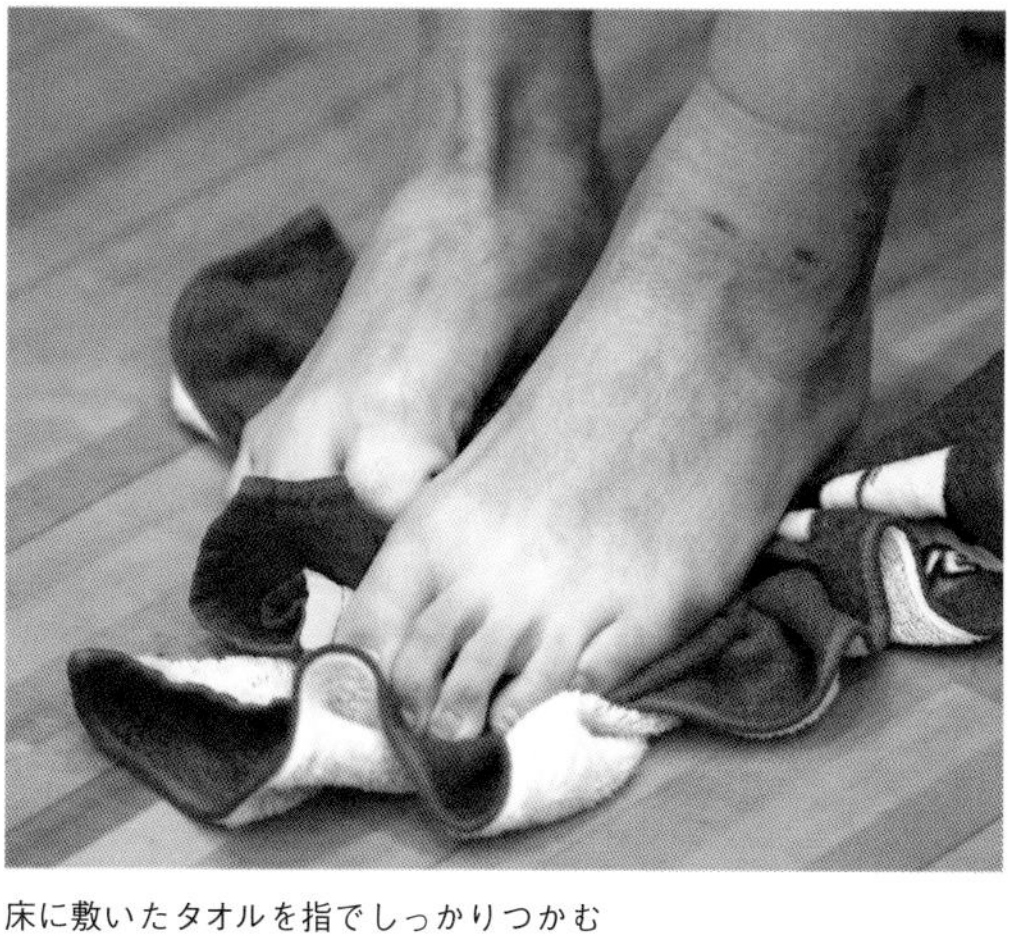

床に敷いたタオルを指でしっかりつかむ

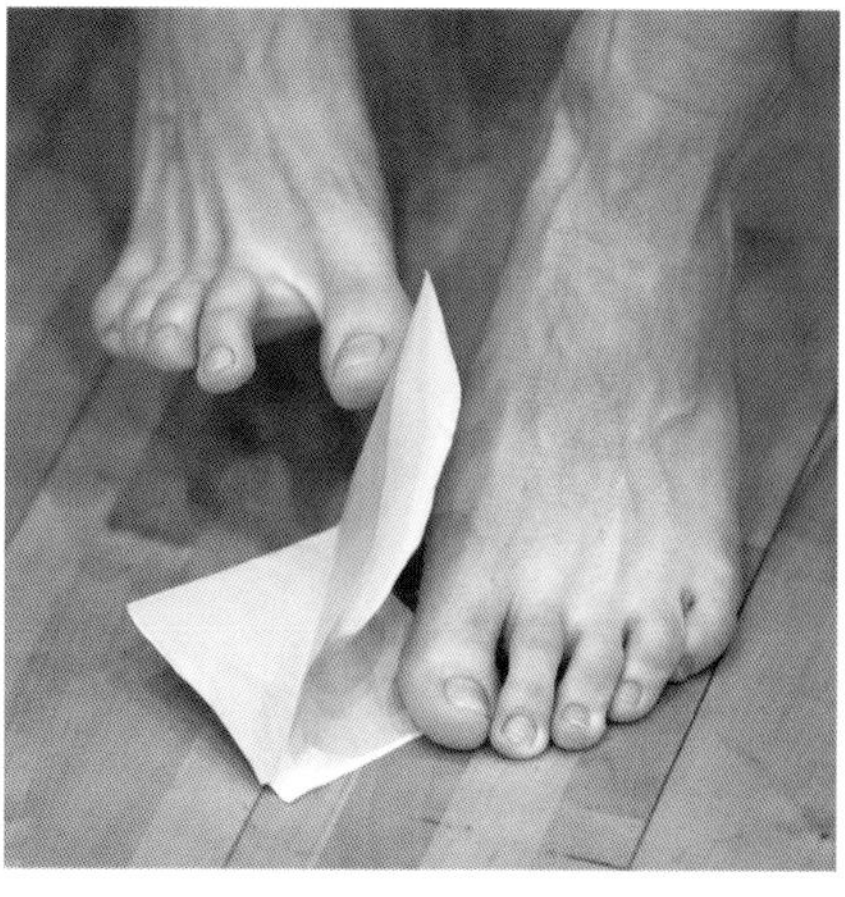

折り紙で折り鶴を作る

Column 2

シュート率UPを目指そう!!

基本のシュートがいずれ効果的なアレンジにつながる

スリーポイントシュートを積極的に狙いにいく傾向は、どのカテゴリーでも浸透しています。その影響からか、レイアップシュートでゴールを狙っていく場面が減っているような気がしています。

そこで懸念するのは、一番確実に狙えるランニングシュートの基本技術を疎《おろそ》かにしてしまうことです。スピードを落としてしまったり、逆にスピードをつけ過ぎて身体が流れてしまったりすると、空中でのボールコントロールが難しくなります。

ランニングシュートの技術力が低いと、ディフェンスのタイミングをずらすステップインからのシュートやシュートフェイクの精度も上がりません。いずれ行き詰まってしまうでしょう。

まずは、基本中の基本をしっかり身につけて、そこから自分でアレンジすることでより効果的な方法を見つけていくことが大切。しっかり段階を踏んでいきましょう。

Offense

オフェンス戦術

第6章

一つ一つの動きを見直して戦術を成功させる

ポジションには、ポイントガード、シューティングガード、フォワード、パワーフォワード、センターがあり、それぞれに役割があります。

　それぞれの持ち場できっちり役割を果たすことは大前提ですが、もっとも大切なのはフォーメーションの穴が空かないように5人が足を止めないことです。

　チームで立てた戦術がうまくいかないときは、どこに問題があるか一つ一つのプレーを検証します。ドリブルコース、パスの出す位置、パスやシュートのタイミングなど必ず原因があるはず。もう一度、一つ一つの動きを見直して修正していきましょう。

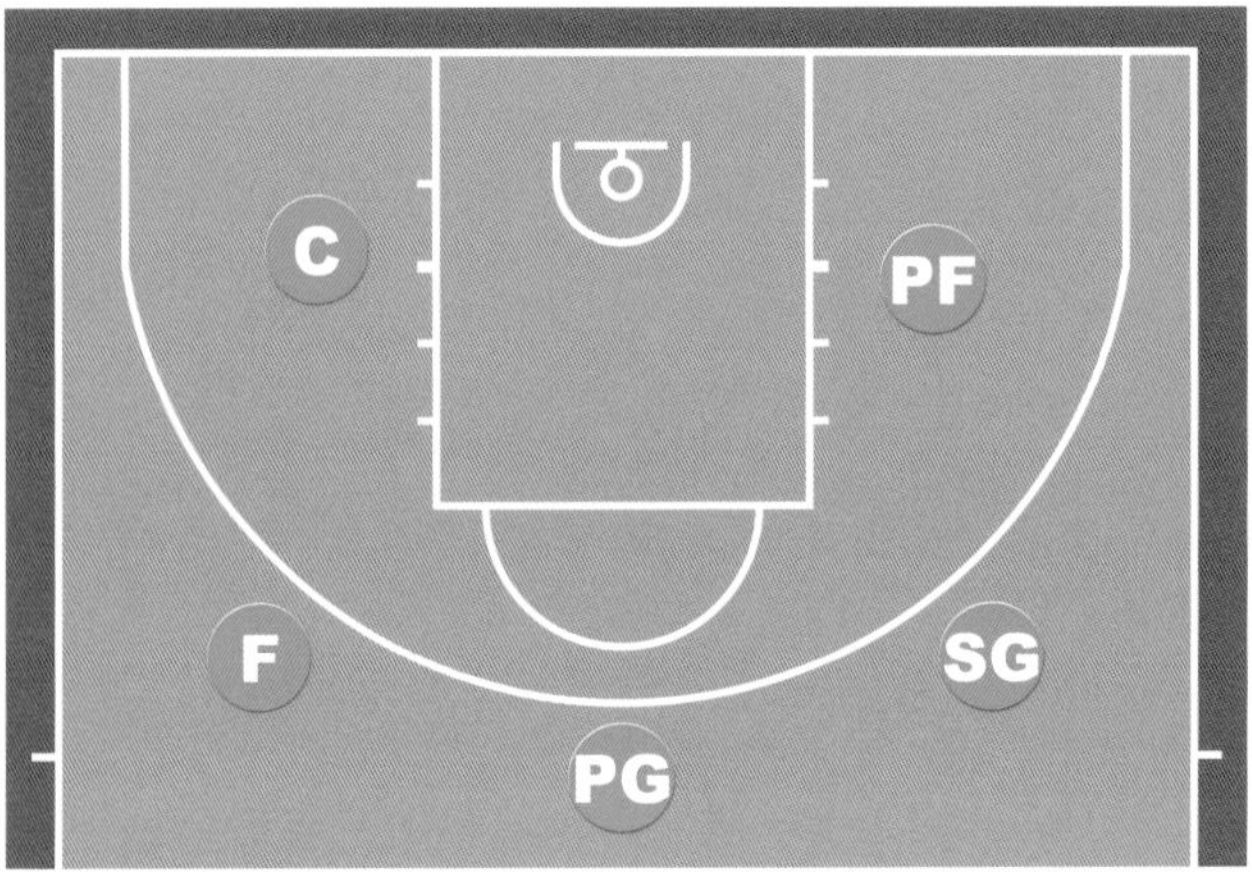

PG（ポイントガード）　コート全体を見渡してパスを配球。司令塔としてチームを動かす

SG（シューティングガード）　スリーポイントシュートを得意とし、ドリブルで積極的にカットインするなどディフェンスを引きつける

F（フォワード）　どこからでも攻めるのが得意。ディフェンスとの駆け引きを優位に進める力を備えている

PF（パワーフォワード）　ゴール近くでセンターと連携し、パスおよびシュートを仕掛けていくポジション。リバウンドも大きな役割

C（センター）　ゴール下の激しいコンタクトに負けない強さと高さを合わせ持つ。長身選手やジャンプ力のあるプレーヤーが適任

戦術を成功させるコツ

1

目線の確保

各ポジションのプレーヤーが、どのように動いているかを確認できる視野を確保しましょう。アイコンタクトをとれる状況を作ることが、いいパス出しや的確なシュートの判断につながります。空いているポジションを把握し、その穴を埋めるように足を動かしていきましょう。

2

スペース（ギャップ）を作る

バスケットボールはコンタクトスポーツであるため、ディフェンスを回避することが勝利に直結します。ディフェンスに悟られないようにギリギリまで動きを引きつけたり、フェイクをかけたりしてディフェンス隊形を崩していくことがポイントになります。

3

アクションを起こす

ディフェンスはシリンダーで決められている範囲しか守れないことから、オフェンスが有利です。オフェンスは積極的に一対一で勝負し、1人でも多くのディフェンスを抜く意識を持つことが大切。攻めのアクションを起こすことで、周囲のプレーヤーにチャンスを与えます。

4

オフボールが大切

シュートチャンスを生み出すには、ボールを持っていないプレーヤーの動きが重要です。パスを受け取るタイミング、位置、スクリーンの場所などアイコンタクトで共有。ディフェンスを崩していきましょう。

Offense
オフェンス戦術
第6章

ディフェンスを引き離す効果的なスクリーン

一対一を有利に運ぶために重要なプレーが「スクリーン」です。オフェンスがディフェンスの動きを妨害することが目的。

スクリーンのかけ方は多岐にわたりますが、プレーヤーの特長を活かすことを前提に対応していくことが成功の秘訣です。

ディフェンスから見えない位置でスクリーンをかける場合は、半歩下がって壁を作るような体勢をとります。

体幹に力を入れて身体をしっかり止めた状態で、ディフェンスを味方から引き離しましょう。

スクリーンのフォーム

シリンダーの外での接触はケガにつながる恐れがあります。「柱」をイメージしてしっかり足を開き、両手を胸の前か股関節の前に置きます。ひじが身体の外に出ないように注意しましょう。

一対一を助けるスクリーン

スクリーナーは、ディフェンスの進行方向を塞ぐように立ちます。ボールマンは、スクリーンがかかったらディフェンスとの距離を空けないように心がけ、ドリブルを開始。ボールマンはスクリーンがくる前に逆サイドにフェイクをかけておくと効果的です。

ディフェンスの進行方向を塞ぐ

スクリーンがかかったらドリブル

ひじを張ってしまうとファウルをとられやすい

シュートチャンスを作るスクリーン

センターがハイポストまで上がり、ディフェンスを待ち構えるようにしてスクリーンをかけます。ノーマークになったプレーヤーはそのままシュート体勢へ。ディフェンスの死角でスクリーンをかける場合は、距離をとってスクリーンをかけましょう。

センターがハイポストへ移動。
ディフェンスのコースに入る

ノーマークの状況を作り、味方がすかさずシュートを打つ

死角で行う場合はディフェンスとの距離をとらないと反則

ズレを生み出しやすいファイブアウト

ここからは攻撃の戦術を仕掛けるにあたって代表的なフォーメーションを紹介していきます。

最初に紹介するのはよく使われる「ファイブアウト」です。ガード1人、フォワード2人、センター2人が五角形の形を作ります。

外でパスを回しながら中から外、外から中へ動き回ることで、ディフェンスとのズレを生み出しやすい利点があります。

ディフェンスの動きが遅れることで生まれたスペースを見逃さないことが、ポイント。積極的に中へ切り込みディフェンスを引きつけたら、外からシュートを打つという一連の動きを身につけましょう。

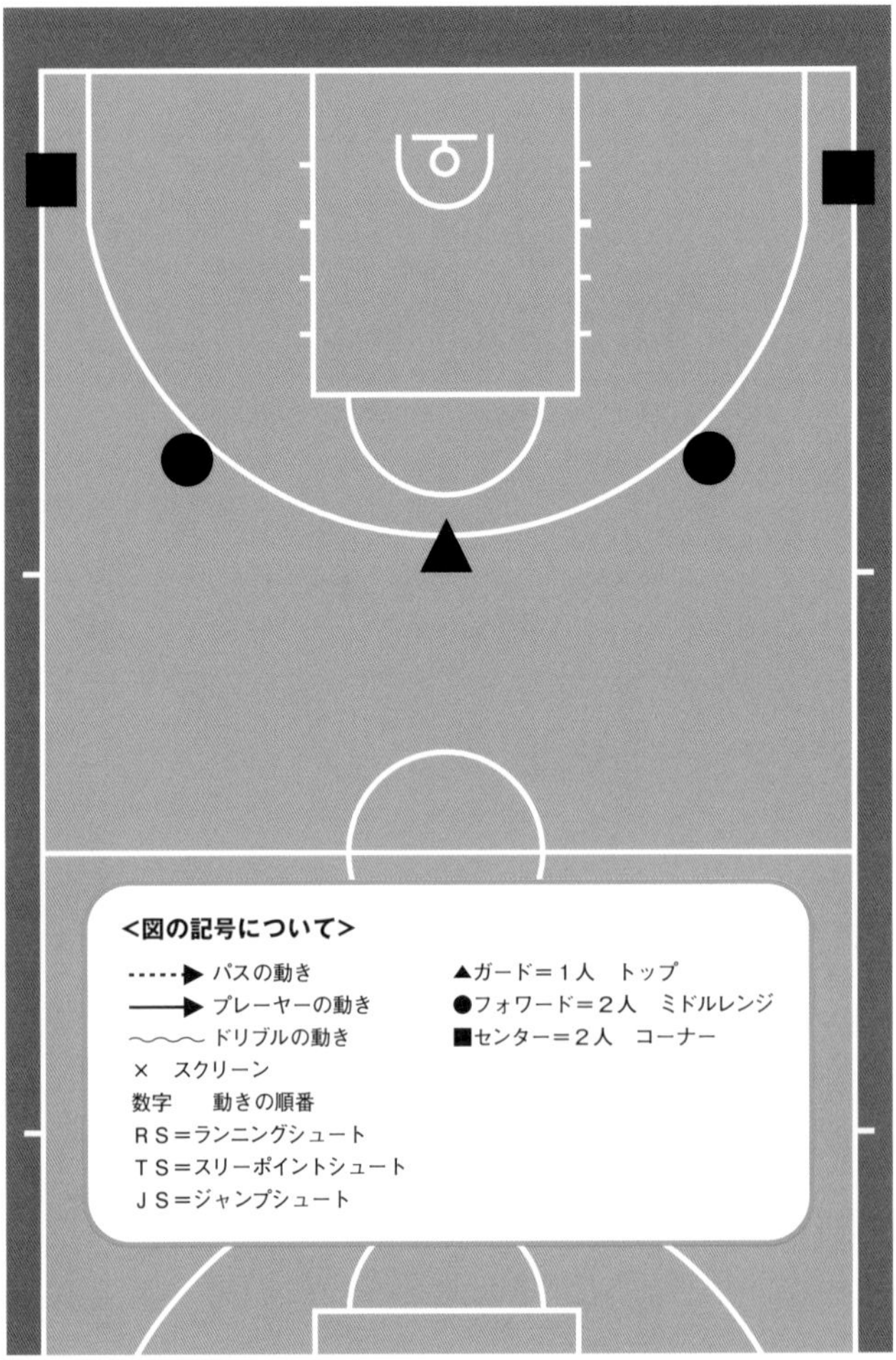

Case 1 パスをしたら中へ ゴール下のスペースを狙う

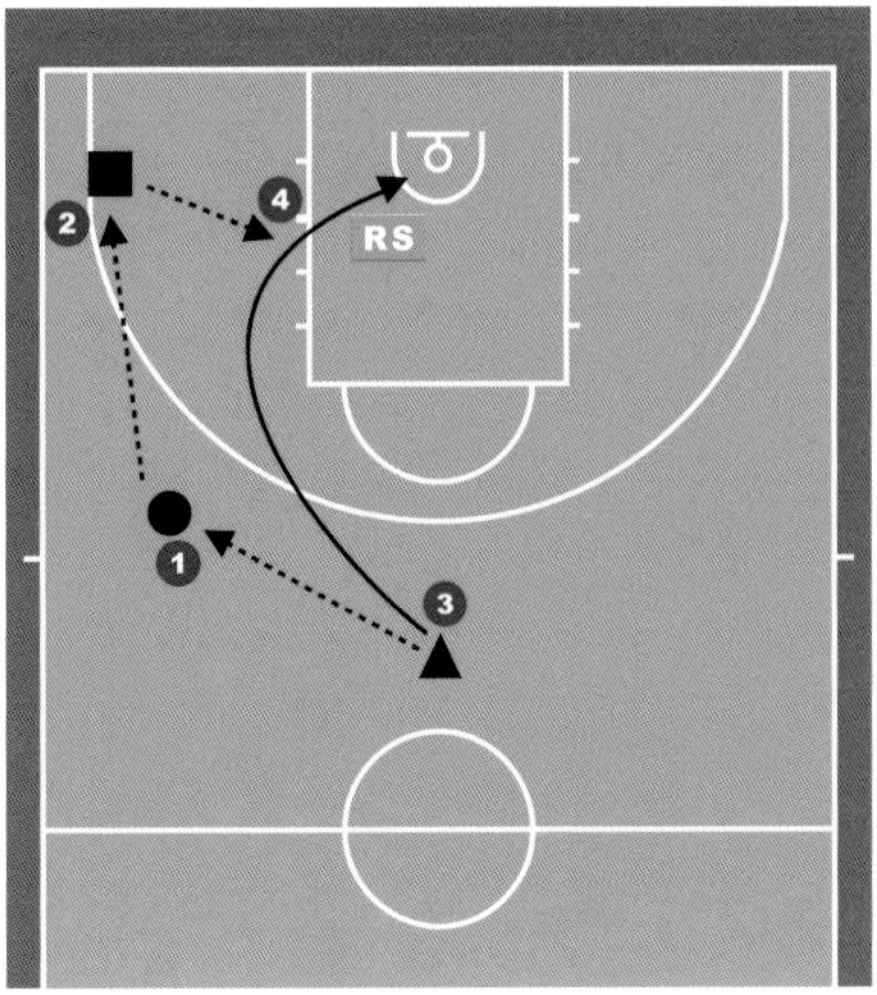

コーナーまでパスを回し❶❷、ディフェンスを外に引きつけている間、ガードがゴール下へ一気に走り、シュートを狙います❸❹。アウトサイドでパスを回すときは、チーム全体を見渡しましょう。どのプレーヤーがどこへ走り、どこのスペースが空いているのかを判断することが重要。

空いているスペースへスピードを落とさずに入る

Case 2 中に切り込むと見せかけ 外のシューターに打たせる

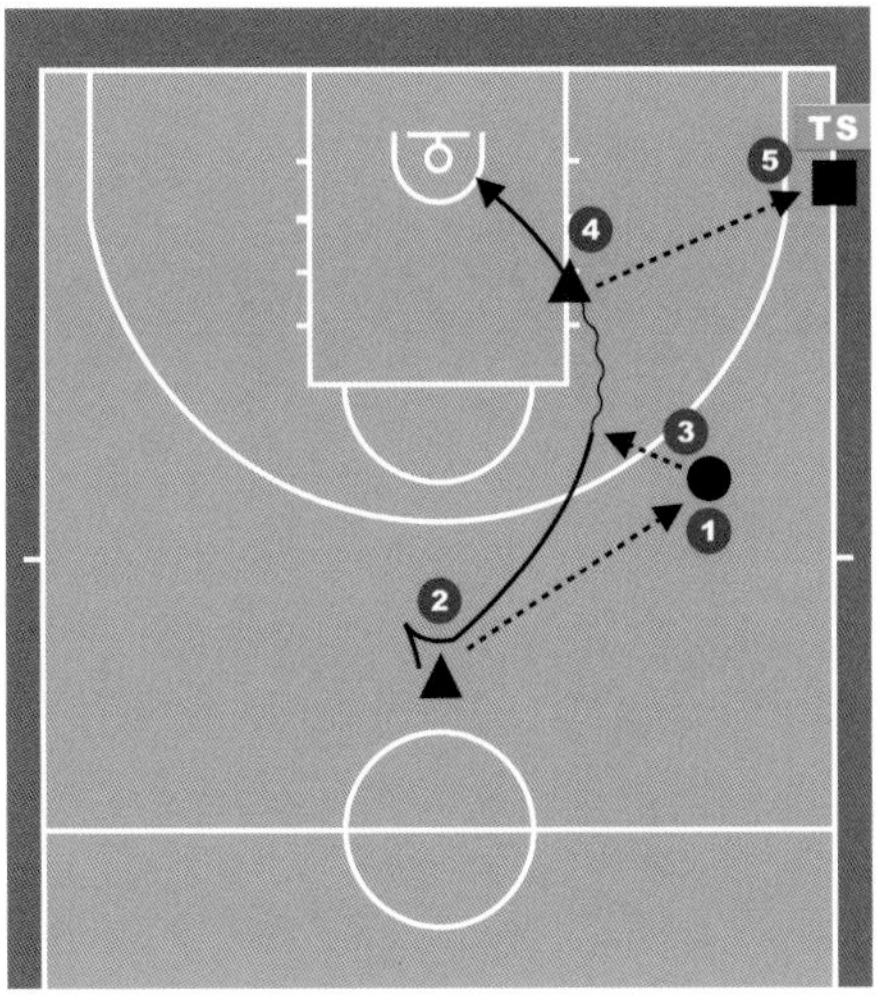

トップからウィングへパスを出し❶、フォワードは一度シュートモーションを行いながら、インサイドへ入ってきたガード❷にパス❸。ガードはゴール下でディフェンスを引きつけ❹、コーナーへパスを出し❺スリーポイントシュートを狙います。

ガードはステップでワンフェイクをかけ、
フォワードはシュートモーションをとる

ゴール下での高さを活かすツーガード

身長の高い選手が1人以上いるチームが有効活用できるのが、「ツーガード」のフォーメーションです。

センタープレーヤーは、味方がディフェンスをかわすタイミングを狙ってミドルポストからゴール下へ移動し、そこに合わせていきます。

その攻撃が効果的に決まると、ディフェンスはゴール下を警戒。ディフェンスが密集してきたら外へスキップパスを出し、スリーポイントシュートを狙っていきます。

外から中、中から外へという好循環を生み出しやすい戦術と言えるでしょう。

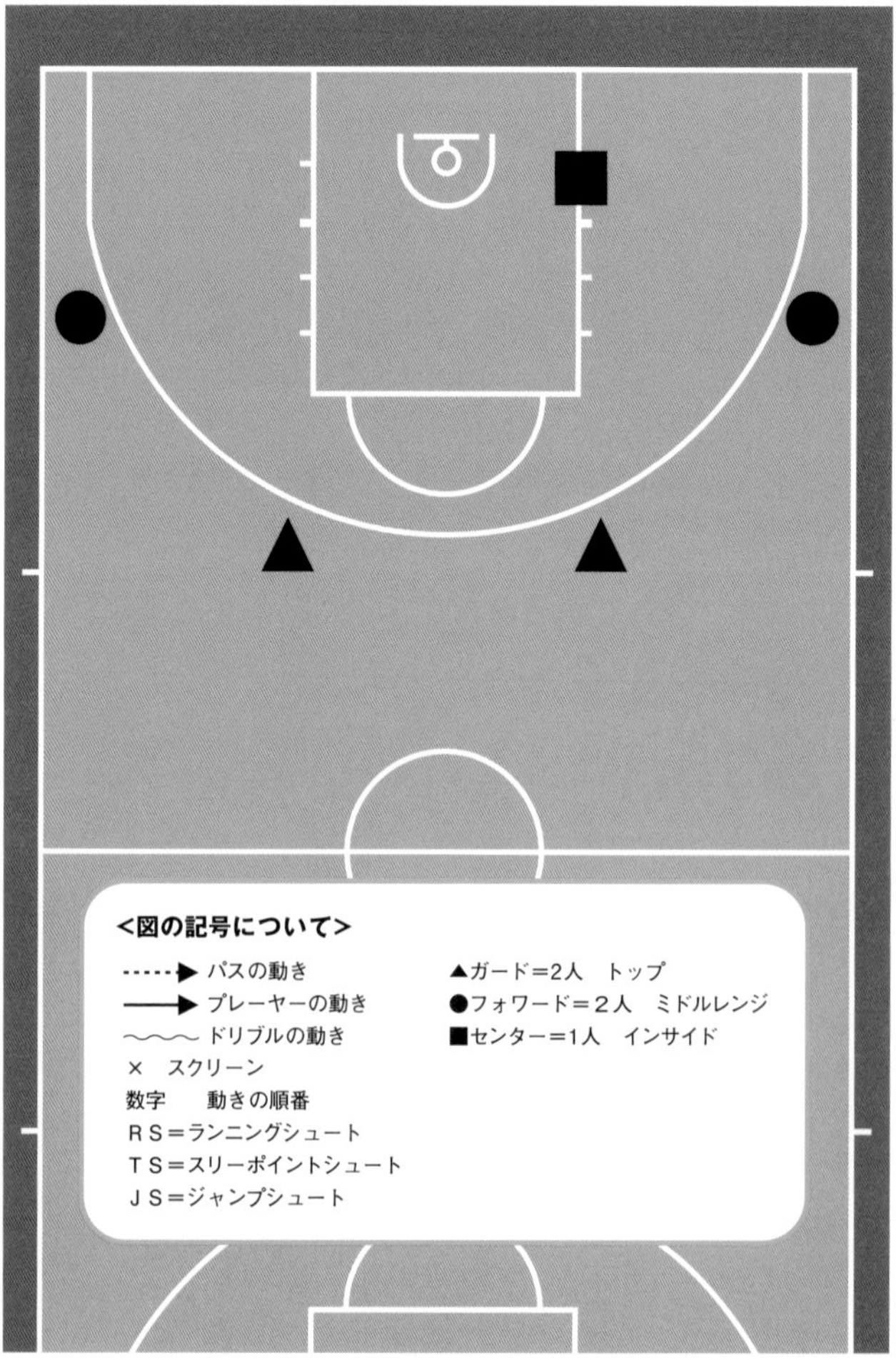

Case 1　大型選手がゴール下からシュートを狙う

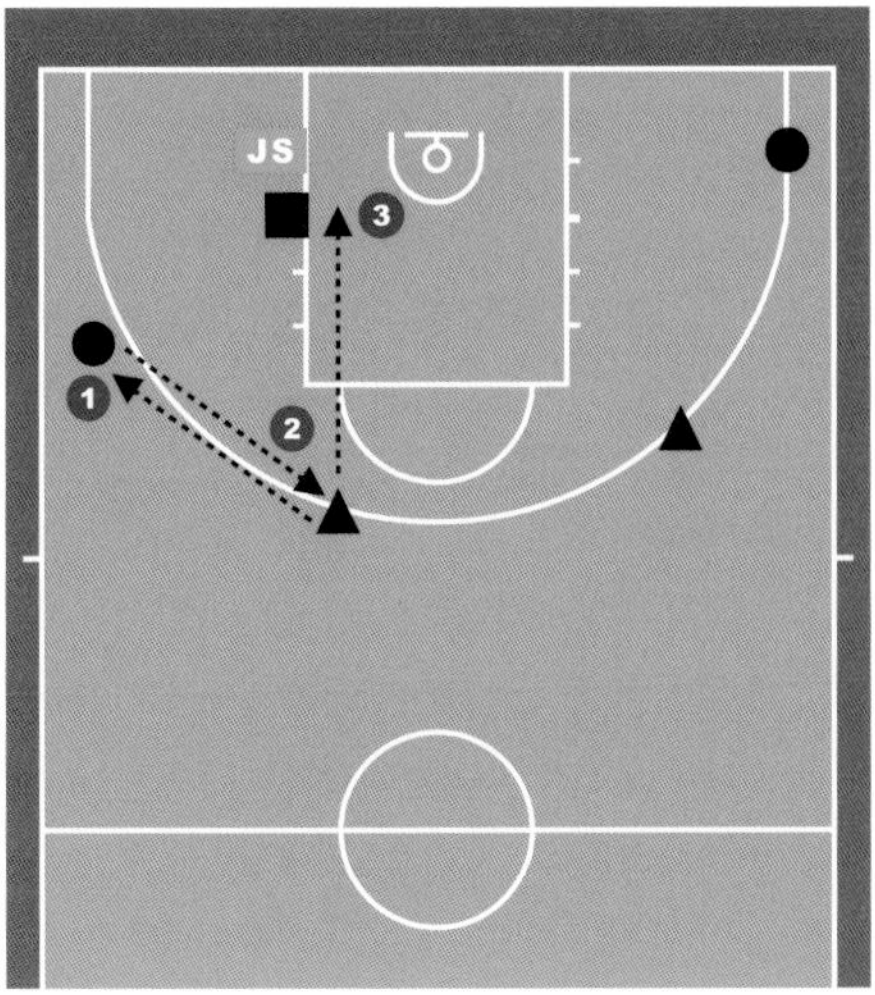

アウトサイドでパスを回します❶❷。センターは、外から中へ身体の向きを変えてガードからの高めのパス❸に合わせていきます。ミドルポストの位置でタイミングを見計らい、すばやくディフェンスを遠ざけ勝負していきましょう。

センターは身体をゴールへ向けてパスを受ける準備をする

Case 2　逆サイドでスクリーンをかけロングシュートを狙う

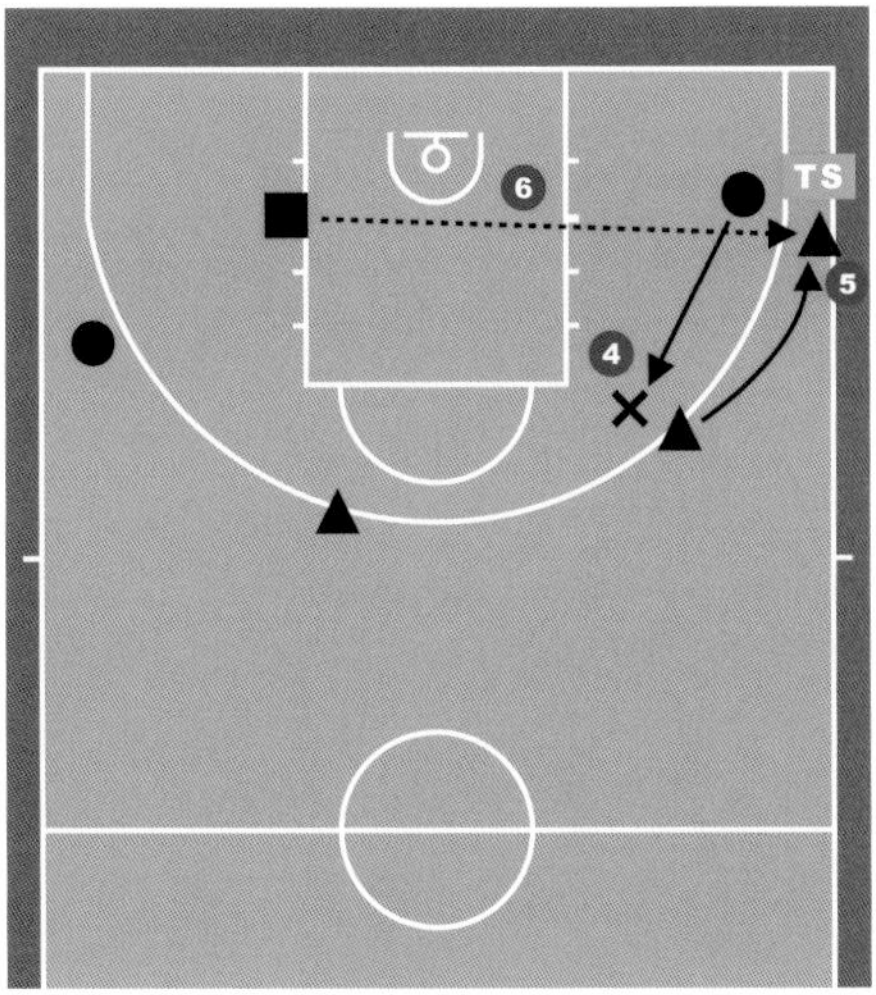

ケース1においてセンターがマークされた場合は、逆サイドから攻めていきます。フォワードがスクリーン❹をかけてガードをコーナーへ走らせます❺。ゴール下にいるセンターは、ディフェンスを引きつけながらコーナーにいるガードへパス❻。スリーポイントシュートを狙っていきます。

スクリーンをかけてスペースを作る

フォワードとセンターが4人横並びになるワンフォー

フリースローライン付近にフォワードとセンターが一列に並ぶようにラインを上げるフォーメーションを「ワンフォー」と言います。

両サイドのプレーヤーが逆サイドへ動くことでディフェンスのズレを作ることができます。

マンツーマンでディフェンスに張りつかれているときなどに有効です。

タイミングを合わせることができれば、ダイレクトでパスを飛ばし、ゴール下からシュートを狙える利点もあります。

Case 1　ポジションチェンジからミドルシュート

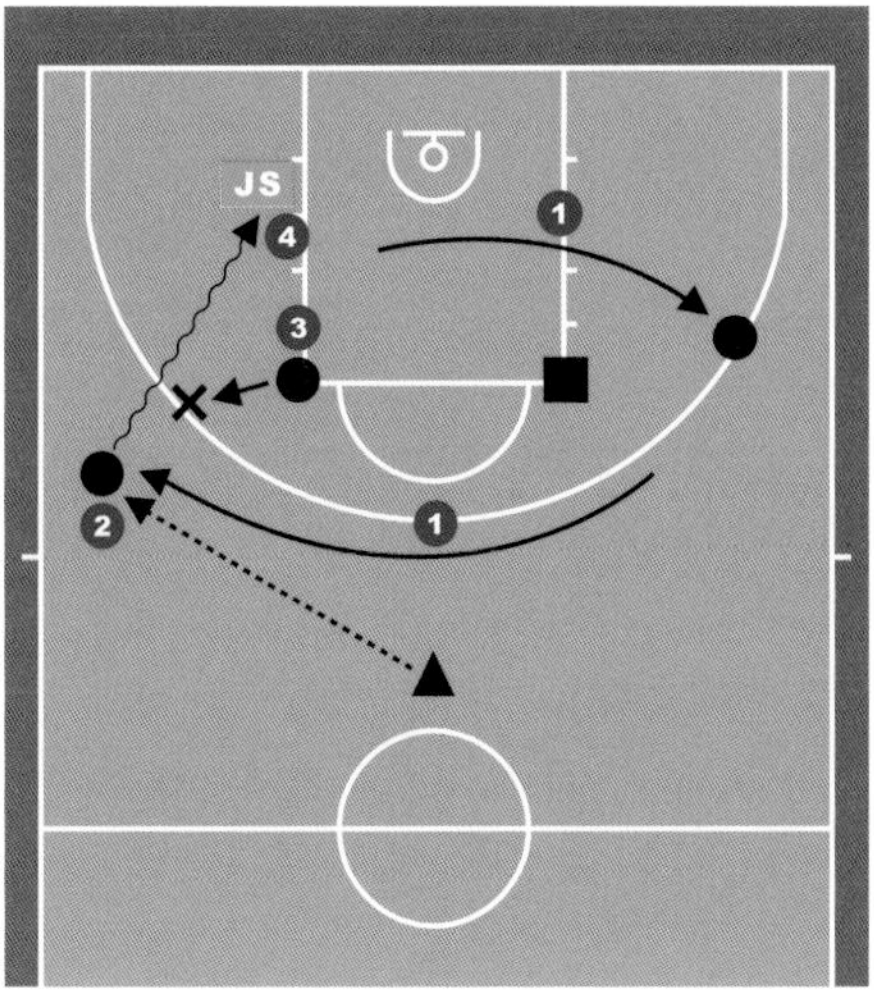

両サイドにいるフォワードが逆サイドへ走ります❶。パス❷を受けたフォワードはスクリーン❸を利用してゴール下に向かってカットイン❹。そこからジャンプシュートを狙います。

フォワードはフェイクをかけてから、逆サイドへ走る

Case 2　中に切り込み、コーナーへパス

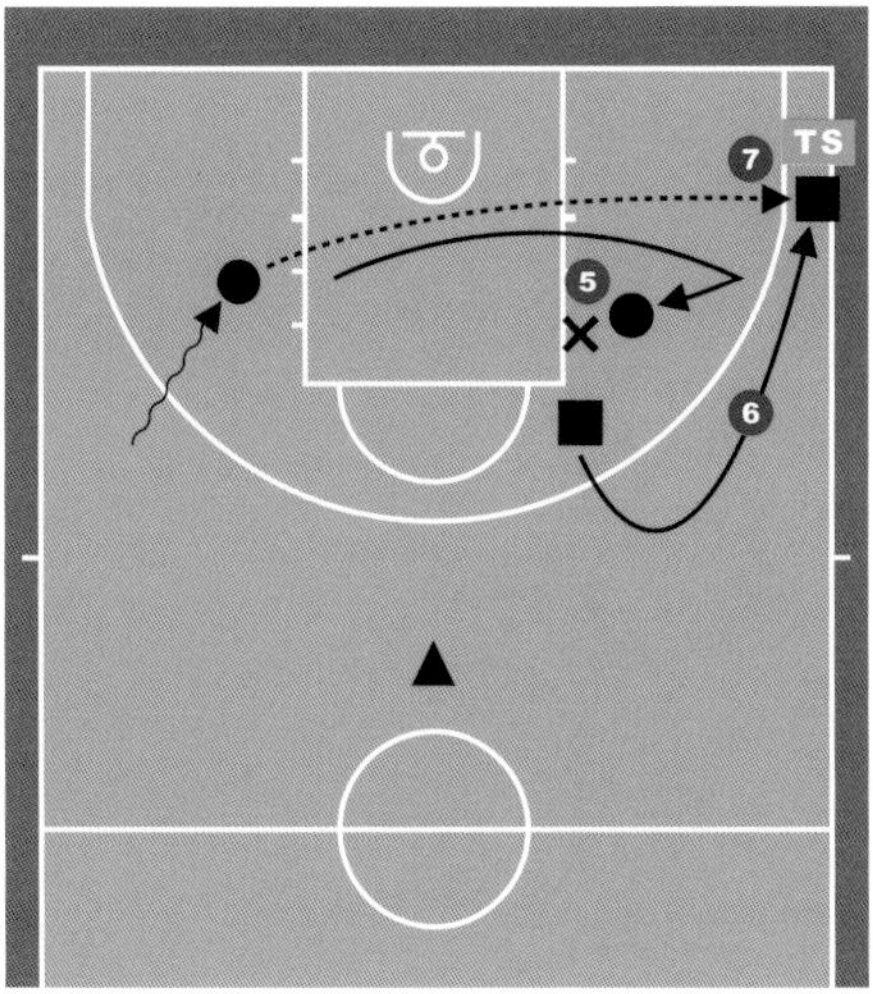

ケース1の続きのフォーメーションです。ジャンプシュートが狙えなかった場合は、逆サイドにいるフォワードはスクリーンをかけ❺、ポストにいたセンターはぽっかり空いたコーナーへ走り❻、逆サイドからパス❼を受けてスリーポイントシュートを狙います。

フォワードは視野をしっかり確保しコーナーへパスを出す

Offense
オフェンス戦術
第6章

スリーポイントシュートを狙いやすいホーンズ

スリーポイントで得点を狙いにいく現代女子バスケットのトレンドとも言えるのが、「ホーンズ」と言われるフォーメーションです。

トップ付近で三角形を作り、コーナーにセンターとフォワードを置きます。決定率の高いスリーポイントシューターがいるチームや、リバウンドに強いチームに有効なフォーメーションです。

ポイントは、スクリーンをかけたプレーヤーへのパスとその動き。ディフェンスをしっかり引き離した状態でシュートを狙っていきましょう。

Case 1 スクリーンからスリーポイントを狙う

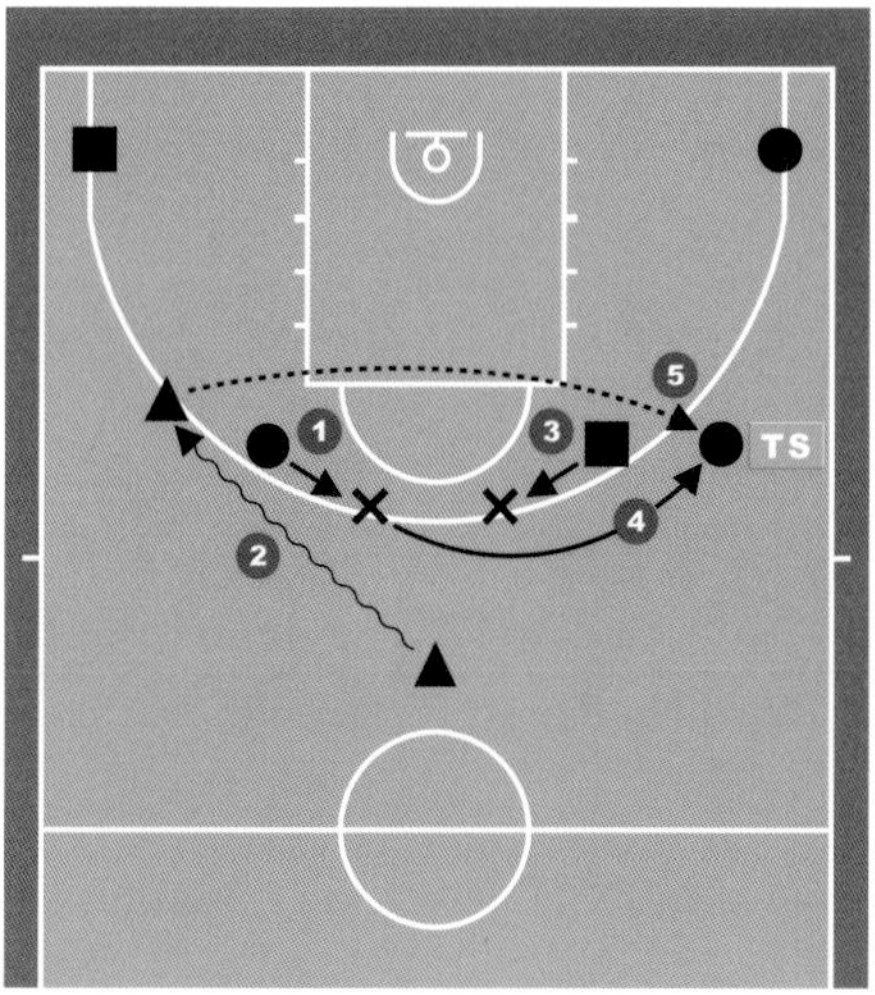

ドリブルしているガードを前進させるため❷、フォワードはトップでスクリーンをかけます❶。その後、逆サイドへ走ります❹。センターがトップでスクリーンをかけ❸、ノーマークを作ります❹。そこへパス❺を出し、すばやくシュートを打ちましょう。

2段階に分けてスクリーンをかけていく（写真は❶）

ライン下で配置するスタック

ポストにフォワードとセンターを配置。フォワードが下から上へラインを上げてローポジションから攻めるフォーメーションを「スタック」と言います。

センターもしくはフォワードに45度の位置でボールが入ってから、攻めのバリエーションを広げていきます。

ライン下からラインを上げていくことで、ゴール下のスペースを作りやすいフォーメーションです。

大型のセンタープレーヤーがいるチームは、ダイレクトにゴール下へパスが飛ばせれば、シュートを狙うことができます。

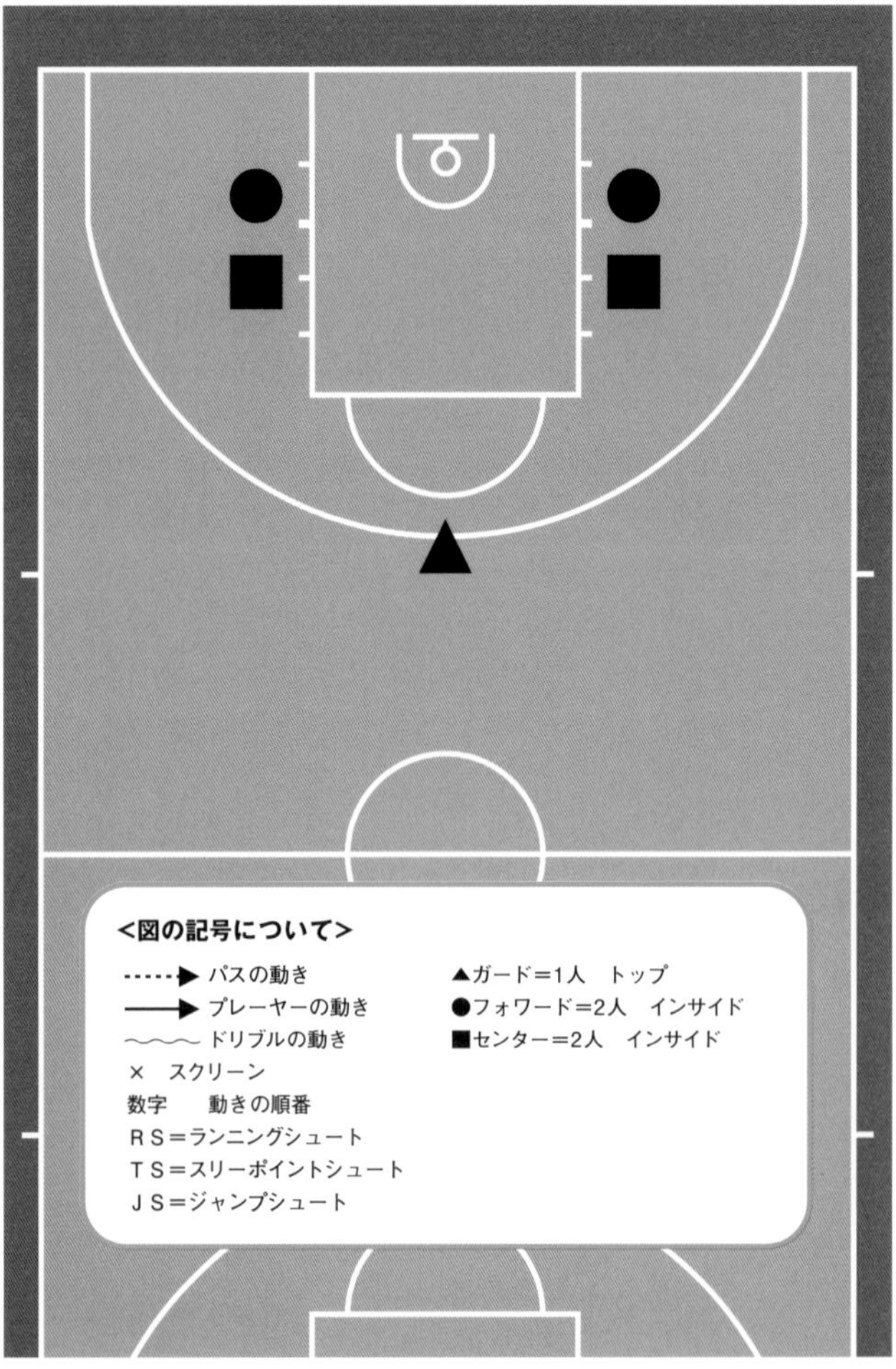

Case 1 ゴール下へダイレクトでパスを飛ばす

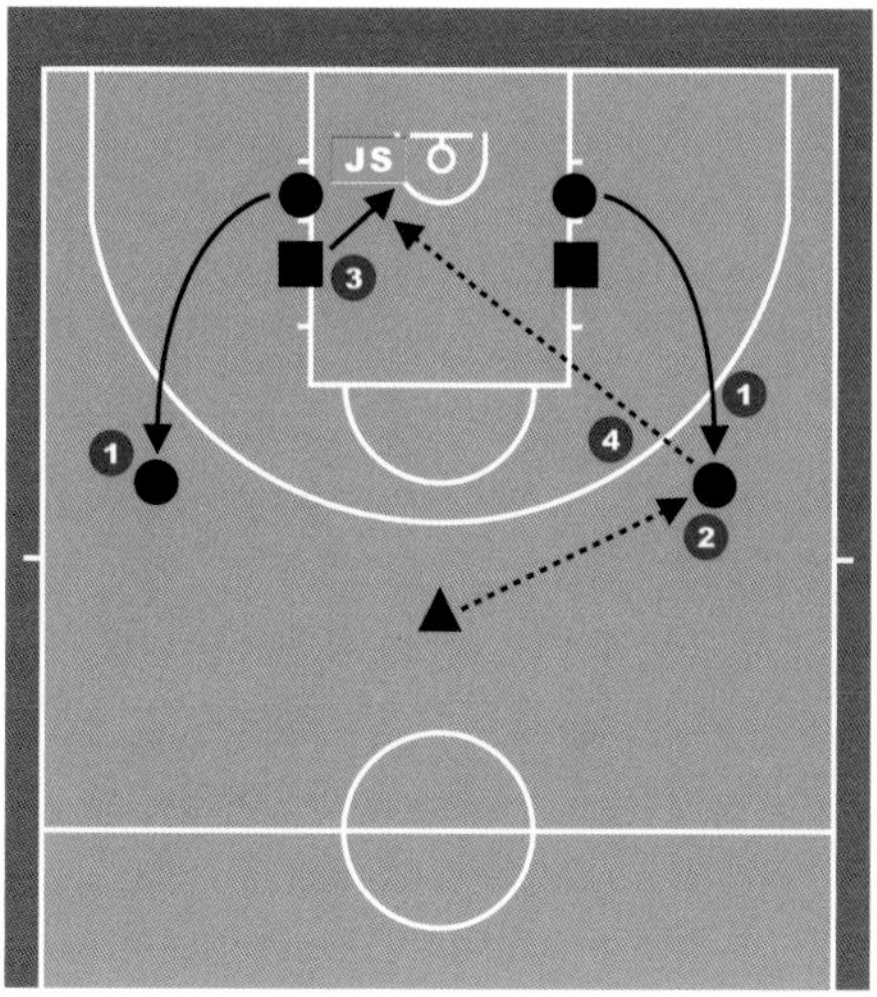

フォワード2人が45度付近までラインを上げていきます❶。ガードからフォワードにパスを送ります❷。ゴール付近にいるセンターへ空いているスペースを利用しゴール下へ❸。フォワードからダイレクトにパス❹を受けてシュートします。

ゴール下へダイレクトにパスを出す

Case 2 スクリーンを利用してガードが切り込む

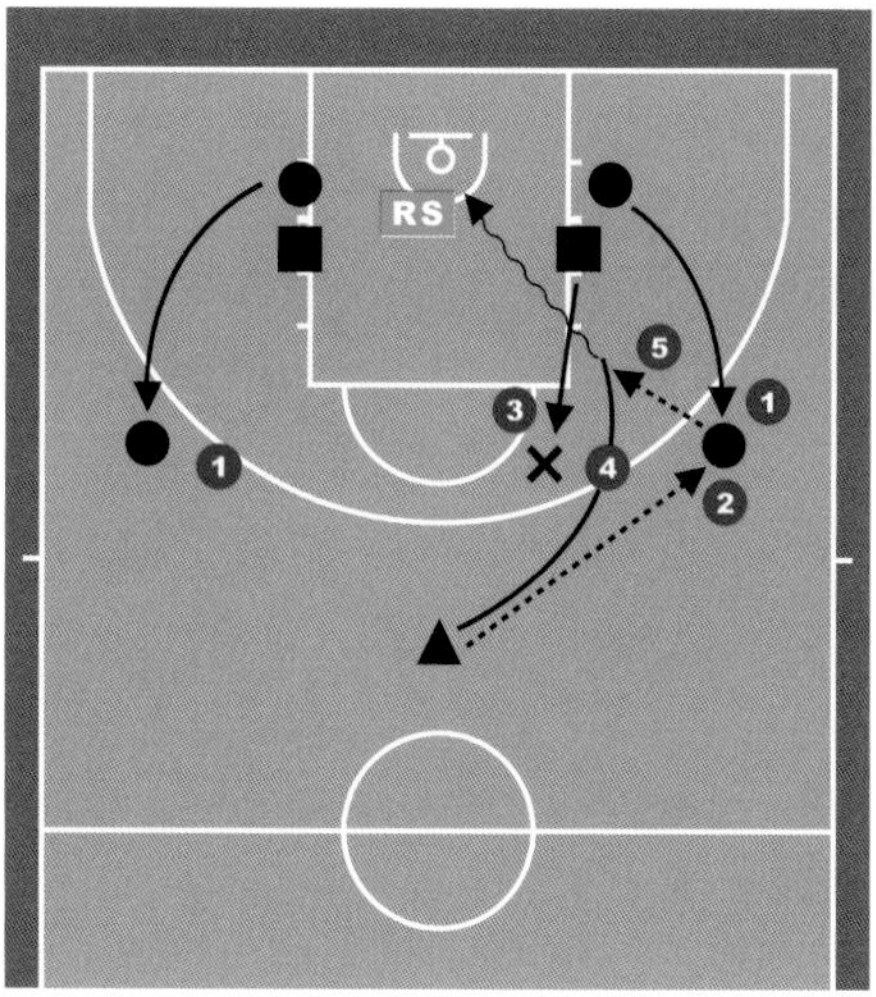

両サイドのフォワードが同時に45度までラインを上げます❶。ボールサイドにいるセンターはスクリーン❸をかけにいき、ガードはフォワードへパスした後❷、インサイドに走り❹、パス❺を受け、ランニングシュート。ラインを上げてできたゴール下のスペースを有効活用しましょう。

スクリーンを利用してゴール下へ

スタッカーでシューターを活かすフォーメーション

試合の中盤から終盤にかけて、(2人のスクリーナーが並んでセットする) ダブルスクリーンを仕掛けてスリーポイントシュートを狙う戦術です。

センター2人がポストにスタッカーとして並びます。シューターはスタッカーを活かして、ディフェンスを遠ざけてすかさずシュートを狙っていきます。

シューターは、確実にスリーポイントを決めていきましょう。

Case 1　ポストの１人目がスクリーンをかける

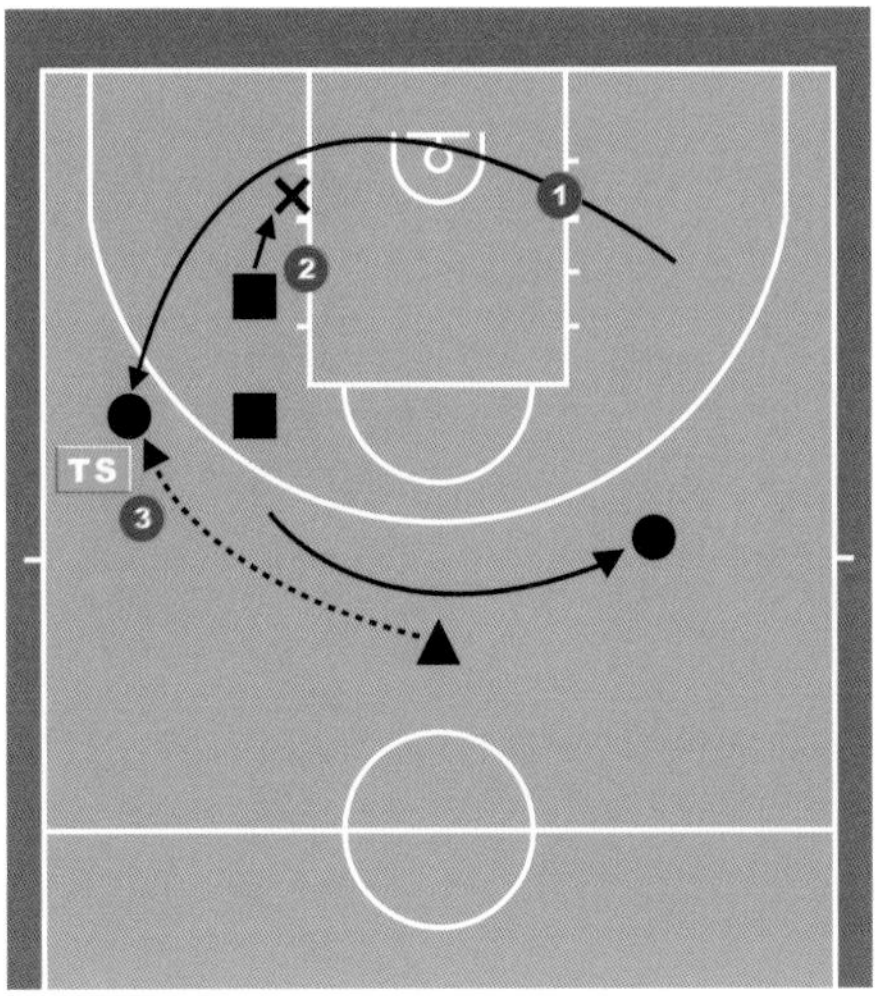

フォワードが逆サイドからスタッカーに向かってゴール下から上がってきます❶。スタッカーの横を通過してセンターはスクリーンをかけ、ディフェンスの動きを遅らせます❷。その間、フォワードはガードからパス❸を受けシュートを放ちます。

フォワードはスタッカーの横を通過する

Case 2　ポストの２人目がスクリーンをかける

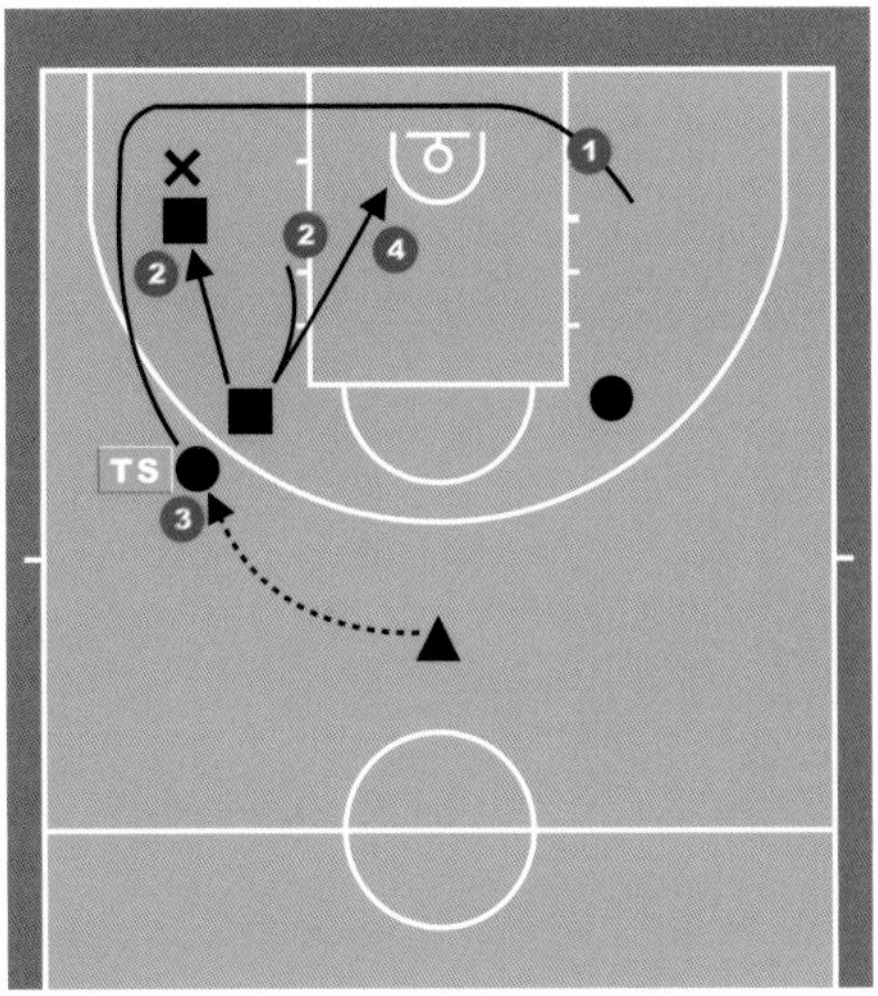

フォワードがゴール下から上がっていくとき❶にポストのプレーヤーは、チェンジ❷。ローポストにいたプレーヤーがスクリーンをかけにいきます❷。選択肢としてフォワードがシュートを打つか❸、ハイポストにいるプレーヤーはゴール下へ切り込み❹、チャンスを狙いましょう。

シューターはスタッカーを活かしてシュートを狙う

リバウンドはポジションどりで決まる

ロングシュートの数やパワープレーが増えてきている女子バスケットボールでは、リバウンドでの接触プレーが繰り広げられるようになりました。

相手とのコンタクトに打ち勝つためには、シュートが放たれた瞬間、すばやく相手の前に出て身体全体を使ってスクリーンアウトを行います。

相手に押されても体勢が崩れないように両手足を広げて、お尻を安定させる意識で力を入れて踏ん張りましょう。

相手に思うようにプレーさせないポジションを確保することが、リバウンド勝負を左右します。

ディフェンスよりも前に出る

両手を上げてポジションをとる

実戦で活かす!
チェックポイント!

指を使ってボールを巻き込む

ディフェンスとの勝負は空中でも行われます。高い位置でボールをつかむためには、指でボールを絡めとるイメージで行います。ボールを巻き込むようにしてしっかりキープしましょう。

ボールの落下に合わせてジャンプの準備

高い位置でボールを保持

アウトナンバーでシュートチャンスをモノにする

ディフェンスの数をオフェンスよりも1人減らした「アウトナンバー」形式でゲームを想定した練習に取り組んでいきましょう。オフェンスプレーの確実性を重視します。

オフェンスはディフェンスよりも数が多いため、どんな攻め方をすればディフェンスをかわせるのか、正確に判断しシュートの決定率を高めていきます。

ディフェンスに負荷がかかることで、ディフェンスの判断力を身につける練習にもなります。

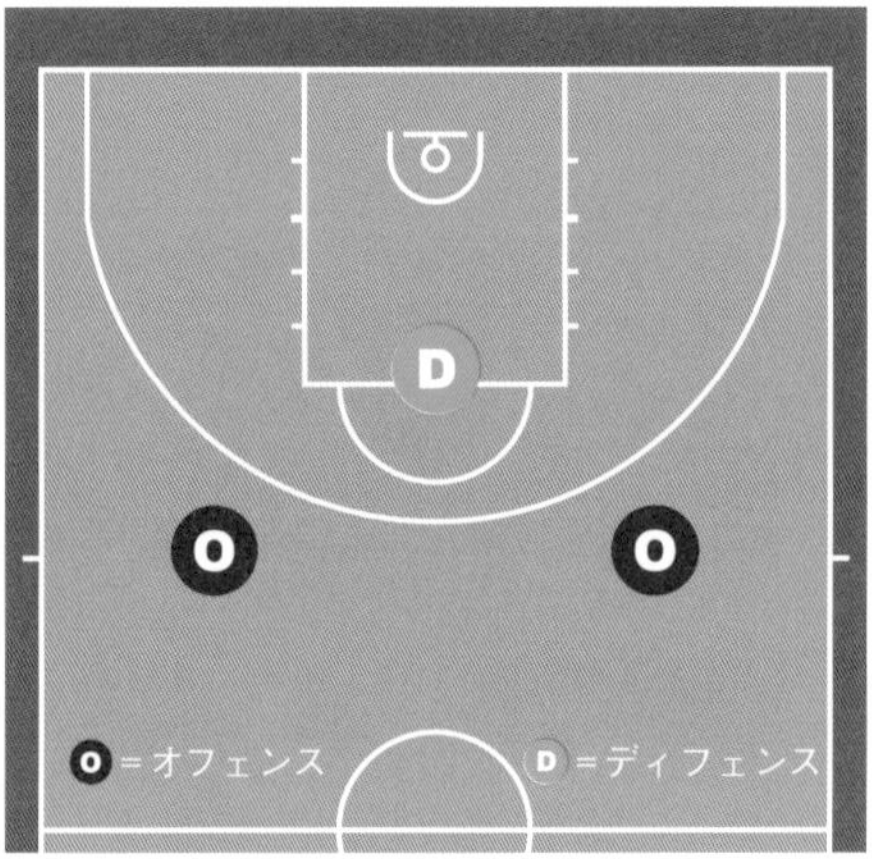

オフェンス2人対ディフェンス1人

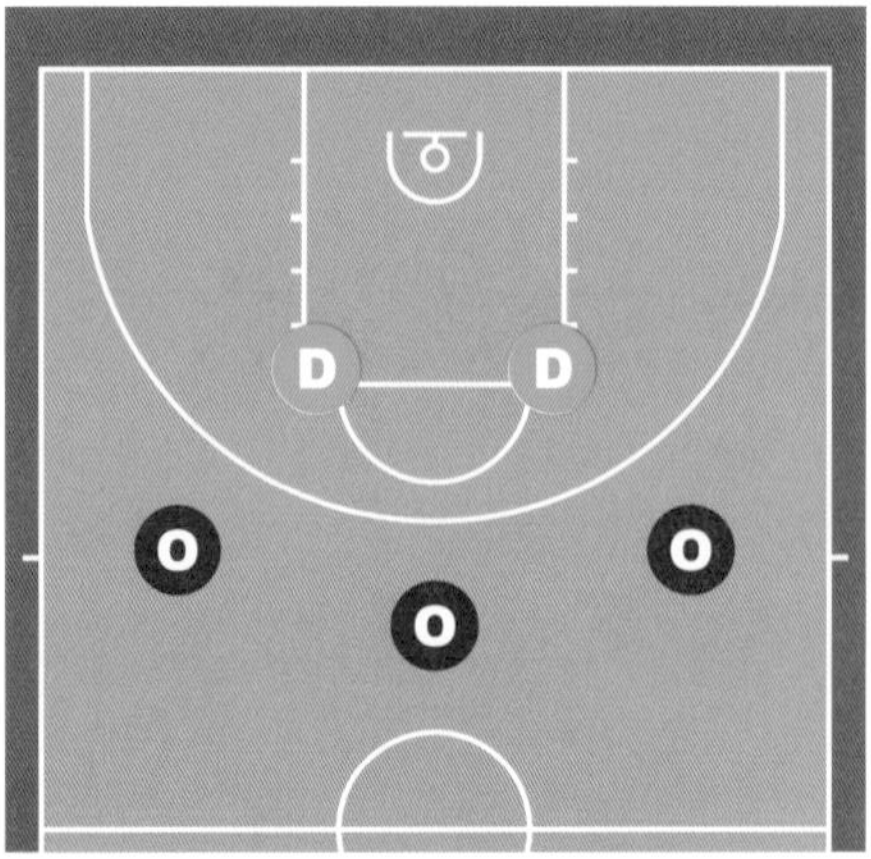

オフェンス3人対ディフェンス2人

実戦で活かす!

チェックポイント!

ゴール下まで運ぶ力を身につける

得点率が高いのはゴール下からのシュートです。ディフェンスが増えても、常に数的優位な状況を活かして、確実にゴール下までボールを運べるオフェンス力を身につけましょう。

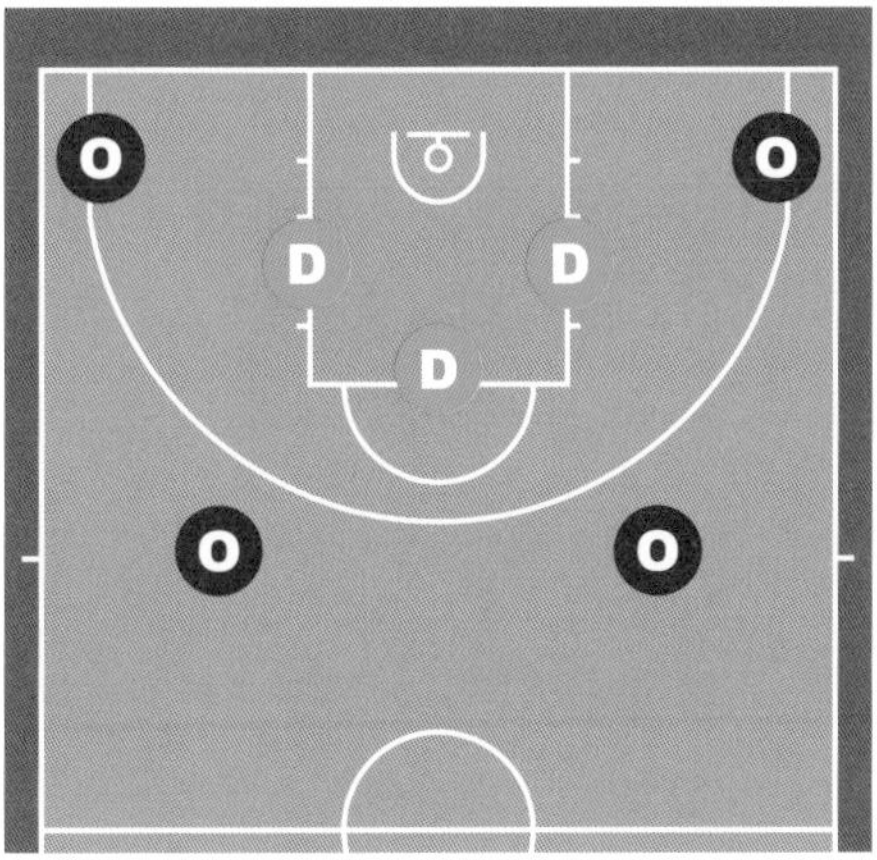

オフェンス４人対ディフェンス３人

Column 3

シュート率UPを目指そう!!

ルールをよく理解して試合の流れを引き寄せる

双方ともに危険なプレーをさせないことを目的に、ファウルにおけるルールはたびたび改正されます。ルールの特性をよく理解し、試合の状況を見ながら戦術に活かしましょう。

現在では試合終了2分前には、ディフェンスがオフボール時のオフェンスにファウルをした場合は、フリースロー2本が与えられます。そういう意味でも積極的にゴール下へ走り込み、パスからのランニングシュートを果敢に狙っていくべきでしょう。

また、シュート時にファウルが起きた場合、そのシュートが入れば得点とみなされ、さらにフリースロー1本が与えられます。すべてシュートが入れば合計3点。たとえディフェンスに阻まれても、得点を狙えるチャンスを得ることができるのです。

試合の残り時間は何分あるのか、何点差なのか。相手チームの状況を把握しながら、ルール特性を踏まえてシナリオを立てていくことが勝利につながります。

Defense

ディフェンス戦術

第7章

Defense

ディフェンス戦術

第7章

オフェンスに有利な間合いをとらせないディフェンス

オフェンスは、シリンダーを活用してドリブルワークで前進を試み、シュートを打てる間合いをとろうとしてきます。

ディフェンスの役割は、有利な間合いを作らせないようにオフェンスにプレッシャーを与え、ボールを奪うこと。

一対一などのせめぎ合いを優勢に進めていくためには、ボールに反応できる基本姿勢をとることが大切です。

相手チームの特徴に合わせて、思うように攻撃をさせないディフェンス体勢を選択し対応していきましょう。

横から見た構え

目線

オフェンスとボールの動きを視野に入れるため、背筋を伸ばす

正面から見た構え

上半身

ディフェンスに対し、片手を上げてボールに触れるか触れないかの距離に置いて、間合いをとる。しっかりシリンダーを作る

足は肩幅より少し広めのスタンスで。腰を落として左右前後に動ける姿勢をとる

下半身

ディフェンスを成功させるコツ

1

ドリブルやシュート時に プレッシャーをかける

ドリブル時はオフェンスの進行方向に身体をしっかり入れて前進をさせないこと。シュート時はシュートコースを塞ぐようにして守ります。シリンダーの外で相手に接触してしまうとファウルになるため、ファウルにならない距離を保ちます。

2

タイミングを計り スチール＆ブロックする

オフェンスの目の動き、顔の向きを観察して、ボールの動きを予測。甘いコースのパスはすかさずスチールします。また、防御が間に合わずボールマンにシュート体勢をとられたとしても、あきらめずにボールに飛びつき、プレッシャーをかけていきます。

3

オフェンスが仕掛けた スクリーンを回避する

オフェンスはノーマークの状態を作るためにスクリーンを仕掛けてきます。一時はマークから離れますが、その後の動き次第では逆にオフェンスを追い詰めることも可能です。スクリーンを回避する代表的な方法を身につけましょう。

一対一で粘り強くマークするマンツーマン

もっとも基本的なバスケットボールのディフェンス隊形。1人のオフェンスにつき、1人のディフェンスがついてマークするフォーメーションです。

オフェンスプレーヤーの能力に合わせて配置できるのがメリットです。スピードのあるプレーヤーには足の速いプレーヤー、長身プレーヤーにはチーム内でもっとも高さを備えるプレーヤーがマークします。

オフェンスが思うようにプレーできないように粘り強いディフェンスを展開するのが狙いです。

マンツーマン・ディフェンス

オフェンス1人に対しディフェンス1人がつく。状況によってマークを変えたり、スイッチしやすいという利点がある

実戦で活かす！

チェックポイント！

オールコートでもマンツーマンを展開

相手チームにできるだけ自陣にボールを運ばせたくないときは、オールコートでのマンツーマン・ディフェンスを展開します。リードしていて試合終了時間が迫っているときなどに行うのが有効。日頃の練習で体力をつけていきましょう。

トップのマンツーマン

チームの司令塔であるポイントガードの動きにプレッシャーを与えるため、ボールの高さに目線を合わせるように腰を落として構えましょう。手がボールに触れるくらいの間合いを心がけます。

ミドルレンジでのマンツーマン

ポイントガードとフォワード、両方が視界に入るよう身体を斜めにして構えます。ポイントガードからのパスを簡単に通させないようにトップ側の手を肩の位置まで上げましょう。

ポストでのマンツーマン

両コーナーにいるセンターに対してはミドルポストに立ってマーク。センターおよびポイントガードが見える方向に身体を向けます。インサイド、コーナーどちらにでも動けるようなスタンスで構えましょう。

ゴール下に強い2対3のゾーン

5人のディフェンスがそれぞれのエリアを一体となって守るゾーンディフェンスは、高校生からプレーすることが認められています。

ゾーンディフェンスは、フリースローエリアからゴール下までのエリアに各プレーヤーをバランスよく配置します。自分の持ち場に入ってきたオフェンスに対してマークします。場所を基準に守るため、スペースができにくくオフェンスの侵攻を妨げます。

ゾーンのフォーメーションは複数存在します。前列に2人、後列に3人が並ぶ形は、ゴール下に強いフォーメーションです。

2対3 ゾーンディフェンス

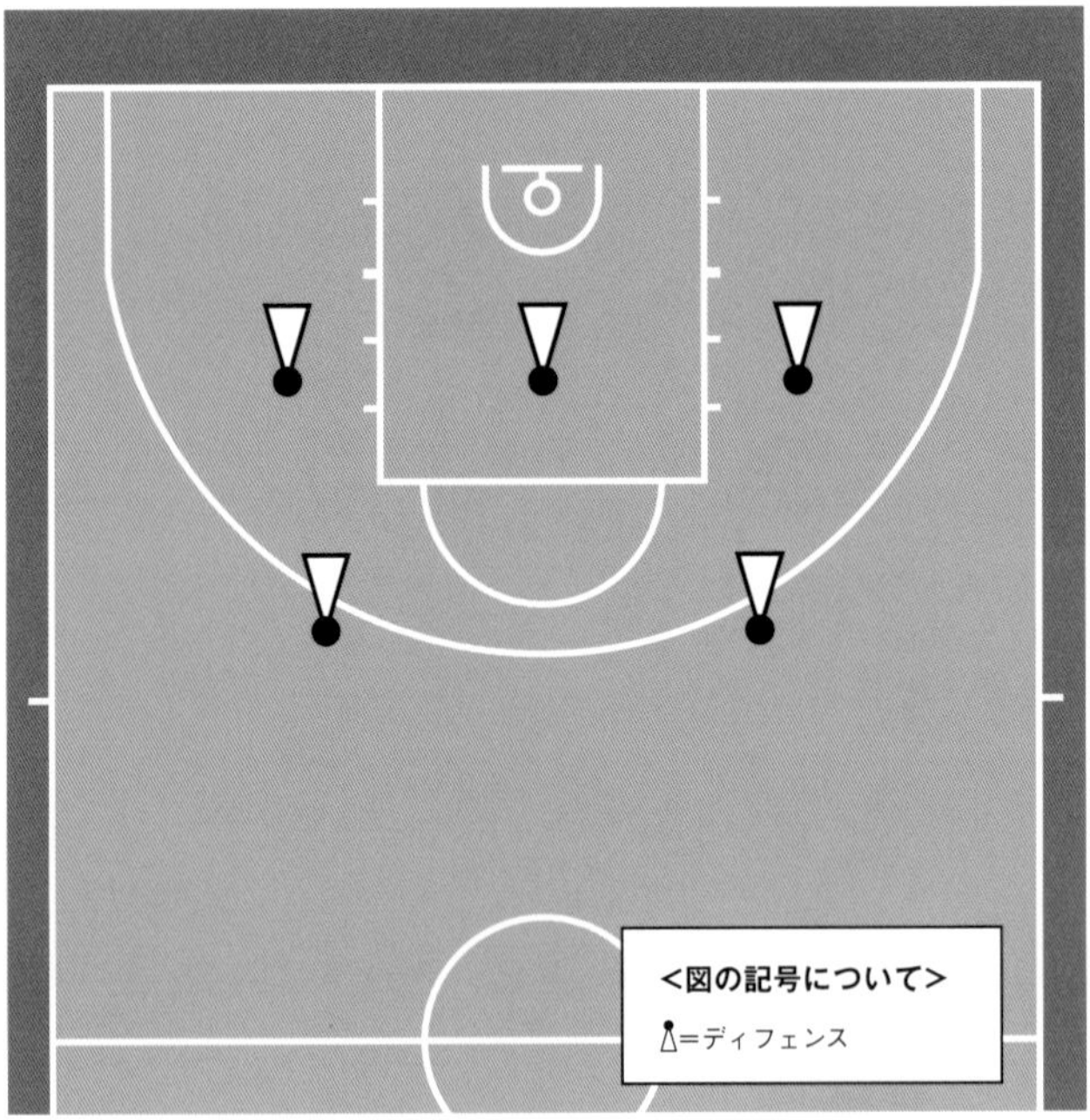

前列に2人、後列に3人を配置する。ゴール付近のエリアをしっかり守ることができる

Case 1　全員がボールマンの方向を向く

ディフェンス能力が低くても味方同士で助け合えるのがゾーンディフェンスのメリット。一体となって守るため、5人全員がボールマンの方向に身体を向け、それぞれのエリアを警戒します。

手を広げて各ゾーンを守る

Case 2　インサイドへのパスをスチールする

ゴール下に強い2対3のゾーンディフェンスは、インサイドにスペースを作らせない意識を持つことが大切。インサイドへのパスに対してもスチールを仕掛け、成功したらすぐに速攻を狙っていきましょう。

持ち場に入ってきたハイポストへのパスをスチール

アウトサイドをマークする3対2のゾーン

3対2のゾーンフォーメーションは、前列に3人、後列に2人が並びます。

トップやミドルレンジでのボールマンへのマークに行きやすく、スリーポイントを得意とするオフェンスプレーヤーに対してプレッシャーを与えることができるのがメリットです。

一方、デメリットとしては、ゴール付近にスペースができやすいため、インサイドへオフェンスが走ってきたときは要注意。

後列にいるプレーヤーはコーナーからの攻めとインサイド両方に気を配っておきましょう。

3対2　ゾーンディフェンス

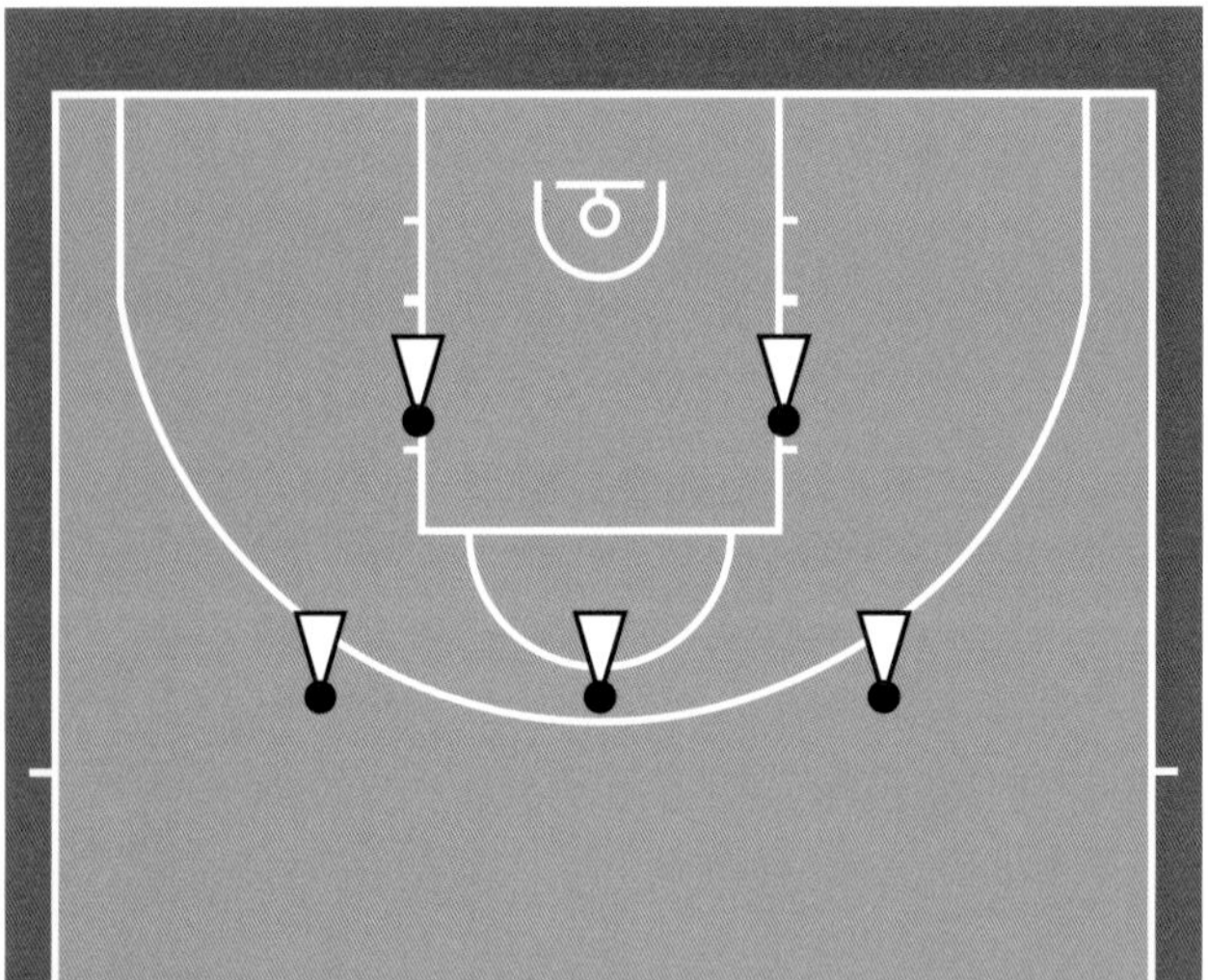

前列に3人、後列に2人を配置。アウトサイドの守りを強化するフォーメーション

Case 1 アウトサイドでの動きを封じる

速いパス回しを展開するチームや外からのシュートの成功率が高いチームに対して有効。トップからフリースローエリア付近では、オフェンスの思い通りにプレーさせない意識で取り組みましょう。

得点力のあるシューターは必ずチェック

Case 2 ゴール付近のスペースに注意する

アウトサイドに対して強い3対2ですが、ゴール付近にスペースができてしまうのがデメリット。必ずパスを飛ばされた場合を想定しておくことが大切です。もしチェックが遅れた場合は、他のディフェンスとスイッチをして対応します。

逆サイドが空いていることも想定しておく

エースをマークしながらゾーンで守る

アウトサイドにオフェンス能力の高い選手が１人、または２人いるチームに対して行うのが、ボックスワンとトライアングルツーというフォーメーションです。

ボックスワンは１人がマンツーマン、残り４人が四角形、トライアングルツーは２人がマンツーマン、残り３人が三角形のゾーンを作ります。

相手チームのボールキープ力があるポイントガードや得点力のあるエースを抑えて、オフェンスの隊形を崩すのが狙い。各プレーヤーは、それぞれの役割をしっかりこなすことが大切です。

ボックスワン・ディフェンス

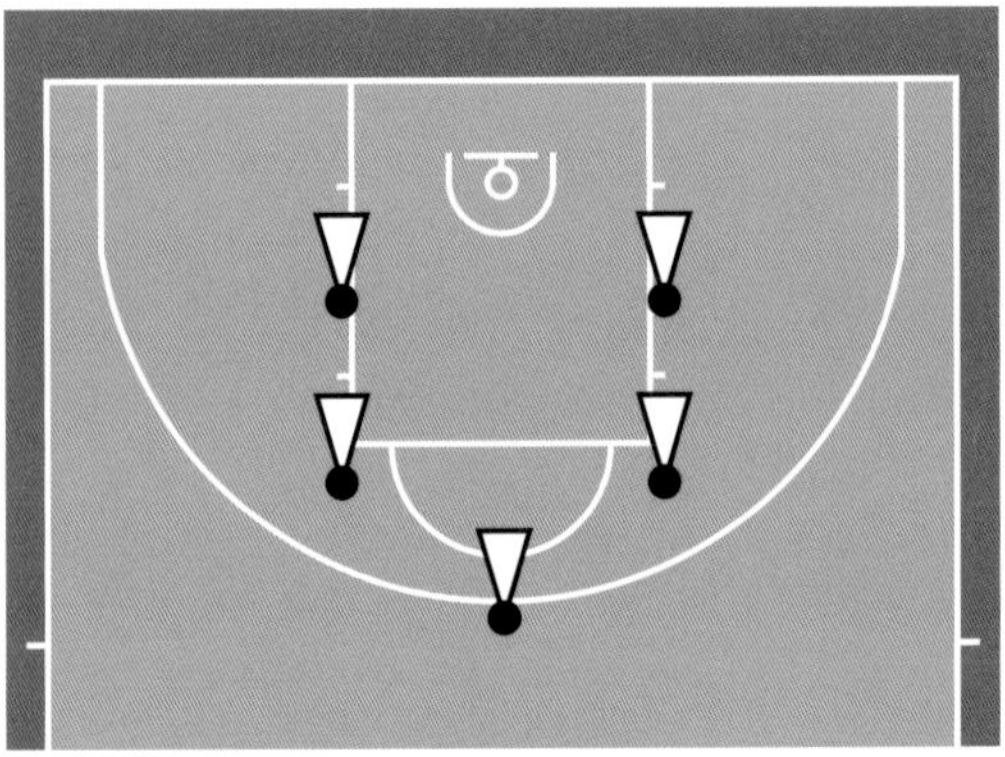

トップに1人、ゴール付近に4人が四角形を作る

トライアングルツー・ディフェンス

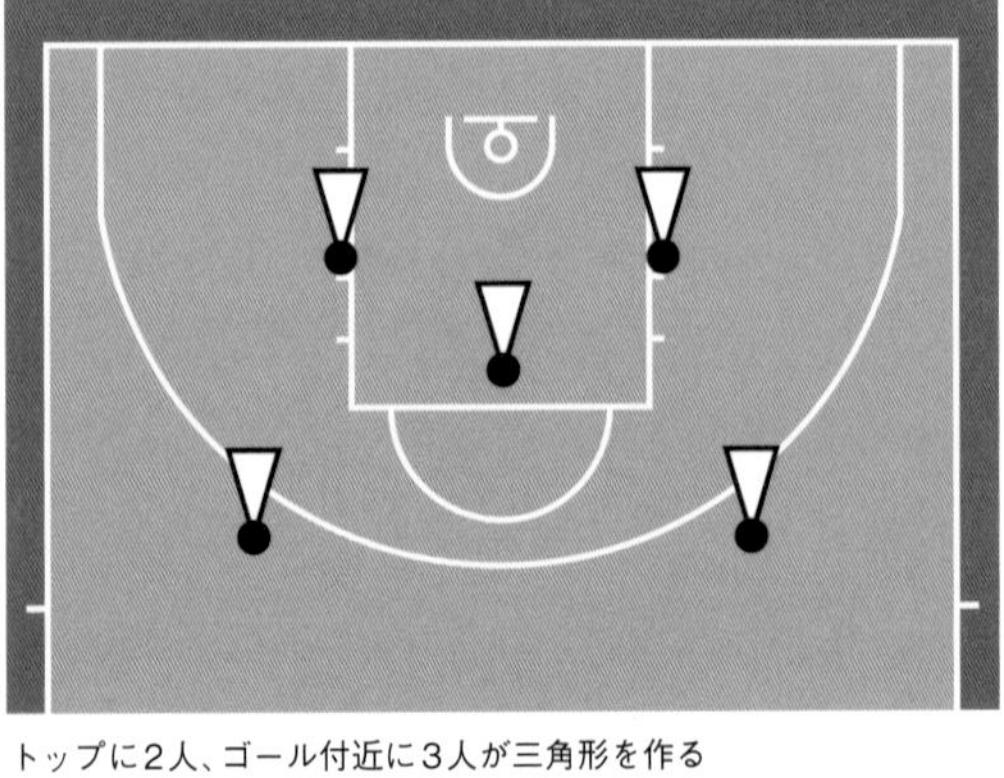

トップに2人、ゴール付近に3人が三角形を作る

得点力のあるエースを抑えるボックスワン

得点力のあるエースをマークするディフェンスプレーヤーは、できるだけボールを持たせないように動きに合わせて張り付きます。インサイドへの切り込みに対しても、パスを通させないような間合いをとりましょう。四角形に配置したゾーンディフェンスは、フォワードやセンターの動きに注視してエリアを守ります。

エースをマンツーマンでマークする。ゴール付近は四角形に

インサイドへパスを通させない間合いをとる

相手の戦術を崩すトライアングルツー

主導権を渡さないために、相手チームのエースの動きを封じるのに有効なフォーメーション。ボールを回そうとしてどんなにコートを動き回っても、マンツーマンディフェンスでぴたりとついていきます。ゴール付近の三角形のゾーンでは、アウトサイドにいるオフェンスプレーヤーの数によって三角形の形を変化させ対応していきましょう。

エース2人をマンツーマンでマーク。ゾーンは三角形で守る

アウトサイド、インサイドの人数で三角形を変化させていく

オフェンススクリーンを回避するポイント

ロングシュートが積極的に打たれるようになった昨今は、短時間でもオフェンスのマークを外すことは避けたいもの。オフェンスが仕掛けてくるスクリーンプレーに対し、場面に合わせて対応していくことが大切になります。

ここでは、スクリーンをかけられた後、ディフェンスが有利になる代表的なプレーを紹介。「アイス=固める」と言われるプレーは、甘いスクリーンを避けてボールマンの前に立ちはだかります。

オフェンスの隙を見逃さず、味方とタイミングを合わせてダブルチームにいくのがポイントです。

オフェンスがスクリーン体勢に入る

スクリーンをかけられても身体をずらして回避

実戦で活かす！
チェックポイント！

状況ごとに注意が必要なスクリーン対策

スクリーンされた際、オフェンスがスクリーン側に進むのを警戒し過ぎると、オフェンスに逆（スクリーンがかかっていない側）を抜かれてしまうこともあるので注意。また、オフボール時、オフェンスに対して間合いを取り過ぎるとスクリーンにかかりやすくなります。できるだけオフェンスに張り付くことで、スクリーナーのファウルを誘うことができます。

ボールマンのコースを塞ぐ

コーナーに向かったボールマンを味方とともに囲む

レベルアップできる!!
練習法 Lesson 1

ボールマンのコースをスライドステップで塞ぐ

プレッシャーを与えるフットワークを身につける

ボールマンのコースを塞ぐためのディフェンスの基本姿勢をフットワーク練習で身につけましょう。

腕の長さを基準に間合いをとり、両手を横に広げて腰を落とした姿勢で進行方向へ足をスライドさせていきます。

このとき、身体を上下に動かさないこと。目線をボールと同じ高さにし、ボールの位置が身体の中心にくるように動きを食い止めましょう。

1 目線をボールに近づけるように腰を落とす

2 ボールマンの進行方向へ足を大きく横にスライドさせる

3 ボールが身体の中心にくるように身体全体でコースを塞ぐ

レベルアップできる!!

練習法 Lesson 2

クロスステップを用いて距離を詰める

ボールマンが自チームのゴール方向にいて、追いつかなければいけない場面。オフェンスと距離があるときはスライドステップではなく、クロスステップを使って距離を詰めます。

ポイントは、後ろ足をオフェンスの前方にしっかり持っていき、しっかり止めること。かつボールマンの次の動きに対応できるようにかかとは床につけず、オフェンスとの間合いをとりましょう。

オフェンスとの間合いの判断が少しでも遅れると、逆サイドを抜かれてしまうのですばやい判断を意識してください。

ボールマンを追いかける

近づいたら逆サイドの足を大きくクロスさせる

オフェンスとの間合いを判断して構える

Defense
ディフェンス戦術
第7章

レベルアップできる!!
練習法
Lesson 3

ランスライドで ディフェンスに追い付く

スピードを落とさない フットワーク

オフェンスとの距離が1m以上離れているときは、ランスライドを使ってオフェンスを追いかけます。

ステップ時は腰は落とさず、スピードを優先してオフェンスの進行方向に入りましょう。

身体が重なったタイミングで、オフェンスの前に入り、対峙します。腕もしっかり使ってオフェンスにプレッシャーを与える習慣を身につけてください。

1
ランスライドで追いかける

2
足を小刻みに動かしてディフェンスに近づく

3
オフェンスの前に出て対峙

Conditioning

自己管理

第8章

第8章

Conditioning

自己管理

ケガと病気を予防してバスケットボールを楽しむ

バスケットボールの上達のために、テクニックの修得と同じくらい大切なのが体調管理です。競技レベルが上がるほど、コンディションを自分で維持していくことが大切になってきます。

そこで、私自身、日本代表チームに入ったときからお世話になってきたスポーツトレーナーの伊藤由美子さんにお話をうかがいます。成長期まっただ中の皆さんの悩みについてなど、多方面からアドバイスしていただきました。

Profile

YUMIKO ITO

鍼灸《しんきゅう》、あん摩マッサージ指圧師。日本体育協会公認アスレティックトレーナー。高校時代はバレーボール選手として活躍（インターハイ、国体出場）。資格取得後は社会人女子バスケットボールチーム、2004年には日本代表女子バスケットボールチームトレーナーとしてアテネオリンピックに帯同。2012年から2017年まで（公財）日本バスケットボール協会専任トレーナーを務めた。

足首の柔軟性をチェック

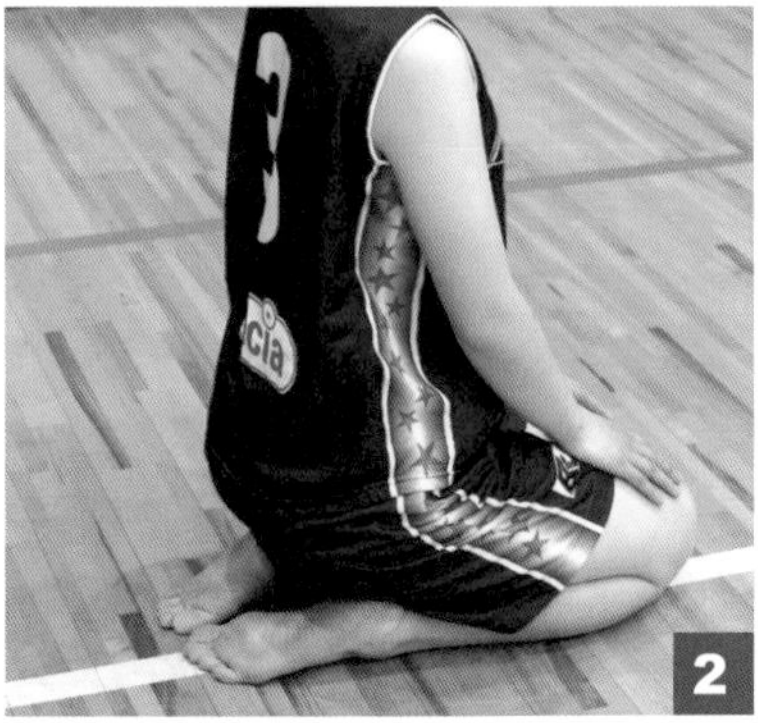

足首を伸ばすことができるかチェックする姿勢

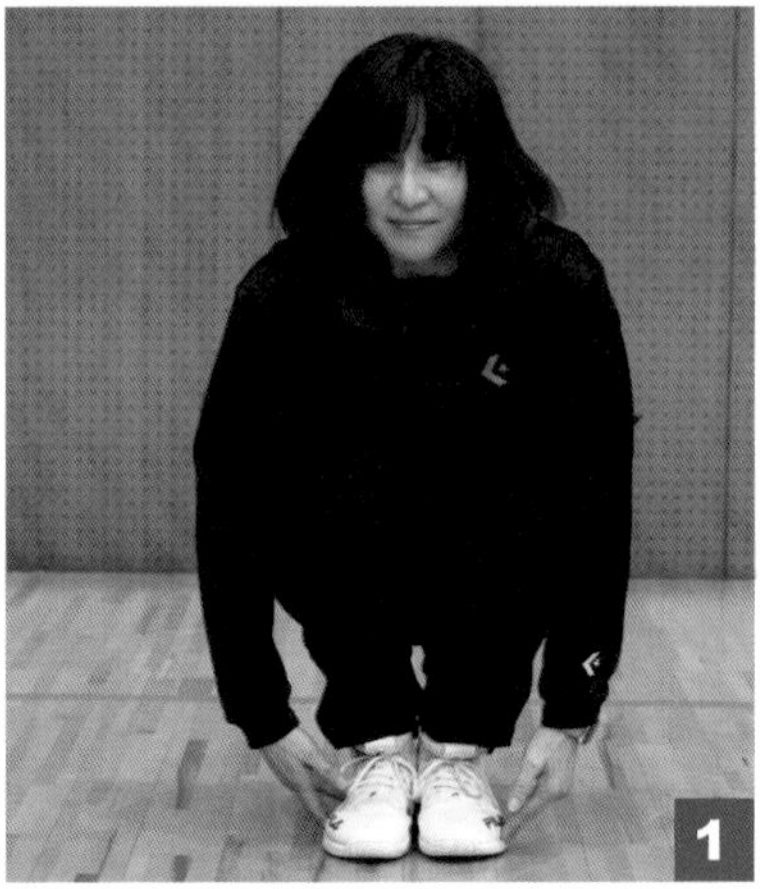

柔軟に足首が曲がるかチェックする姿勢

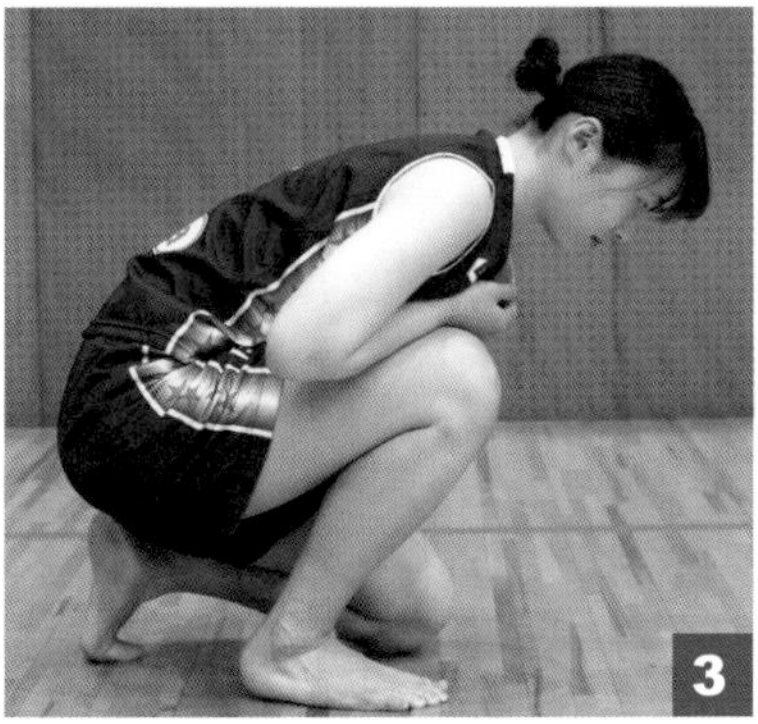

捻挫防止の足首のストレッチ

1 両足のかかと同士をつけた状態でお尻を落としてしゃがみます。

2 足の裏同士を重ねずに、まっすぐにした状態で正座をします。このとき、つま先からひざまで床につけます。

3 片足で立膝をする姿勢をとります。もう一方のつま先とひざを同じ方に向け、30～40秒間、体重をかけていきます。

10代に一番多い足首の捻挫

これまでスポーツトレーナーとして、ジュニアからA代表チームまで多くのバスケットボール選手と接してきました。その中で痛感していることは、ケガをしない身体づくりの重要性です。たとえ小さなケガであっても、身体が万全でなければよい練習はできません。「大したことない」と思っていたケガが、選手生命を左右する大きな外傷を引き起こしてしまうこともあります。

2017年の日本スポーツ協会／スポーツ安全協会の「スポーツ外傷・障害予防ガイドブック」の統計によると、バスケットボールをしている10代（とくに小学校高学年）のケガで最も多いのが「足関節捻挫」、10代のうち大学生では「膝関節の靭帯《じんたい》損傷・断裂」でした。

じつは、このバスケットボール選手にとって身近な「足関節捻挫」、つまり足首の捻挫が一番やっかいだと言われてい

誰かと比べるのではなく身体の気になることは周囲に相談しよう

バスケットボールにおけるスポーツ外傷の特徴

1. 外傷の発生件数は、男女とも小学校高学年がもっとも多かった（男子4,168件、女子6,412件）
2. 外傷の発生頻度は、男女とも小学校高学年がもっとも高かった（男子6,395件/10万人、女子 8,993件/10万人）
3. 発生する主な外傷❶手・指の骨折や突き指❷足関節捻挫や靭帯損傷❸膝関節の捻挫や靭帯損傷
4. 年齢別外傷の部位　すべての年代：手・指や足関節/未就学児：頭頚部/高校生～：膝関節
5. 年齢別外傷の種類　10代（とくに小学校高学年）：足関節捻挫/大学生：膝関節の靭帯損傷・断裂

日本スポーツ協会／スポーツ安全協会「スポーツ外傷・障害予防ガイドブック」より

ます。なぜかというと、前十字《ぜんじゅうじ》靭帯損傷につながる恐れがあるからです。バスケットボールは、「日本体育協会スポーツ医・科学研究報告」によると、数ある競技の中でも前十字靭帯損傷の発生件数が多い競技です（P159表参照）。

捻挫を繰り返した足首は、しっかりケアをしないと足首を支える筋力が低下し、柔軟性を失って硬くなり、ストップやターン、切り返しの動作をするたびにひざの前十時靭帯に負担がかかります。また足首の骨の変形からくる痛みなど、大人になってから日常生活に支障が出てくるようなケースもあります。若いうちからしっかりケガ予防の対策を始めておきましょう。

自分でできる足首の柔軟性チェック

足首のケガ予防で大切なことは「柔軟性を高める」、これに尽きます。まずは足首が柔軟に曲がるかどうかチェックしてみましょう（P157写真1）。両足のかかと同士をつけた状態でしゃがんでみてください。一見簡単そうですが、足首が硬いとバランスを崩してしまいます。

そして次に、足首を伸ばせるかどうかのチェックです（P157写真2）。足の裏同士を重ねずに、まっすぐにした状態で正座をしてみてください。つま先からひざまでが床にベタッとついていますか？　足首とひざが硬い人には難しい体勢です。これは足首のストレッチにもなるので、できなかった人もぜひ続けてみてください。

注意点として、捻挫した直後は避けること。痛みが取れて状態が安定してきたら、初めはクッションを敷くなどして柔らかい床で10秒ほどやってみましょう。そこからクッションなしで、時間を延ばしながらチャレンジしてみてください。

簡単にできる足首のストレッチでもう一つご紹介したいのが、体重をかけて

股関節の柔軟性チェック

肩が内側に入らないように胸をしっかり開く姿勢で行いましょう。腰を落とすときは、ひざではなく股関節から曲げることを意識しましょう。

股関節を曲げて腰を落としていきます

つま先とひざを同じ方向に向けスクワットをイメージ

足首を伸ばしていく方法です（P157写真3）。片足で立膝をする姿勢をとり、もう一方のつま先とひざを同じ方に向け、30~40秒間体重をかけ前傾させていきます。足首が硬くて難しい人は、徐々に伸ばせるようにしましょう。

　足首のほかに、スポーツ選手にとって重要なのが、股関節の柔軟性です。これはスクワットのフォームでチェックできます（上写真）。

　肩甲骨を寄せて胸を開き、椅子に座る動作のように股関節を曲げて腰を落としていきます。つま先とひざは同じ方向に向け、股関節からしっかり曲げることがポイントです。腰を落としていったとき、足首が硬いとつま先が

膝前十字靱帯損傷の発生件数・頻度 ～男女別～

性別	発生件数	発生頻度	部員数
女子	1,592	168	949,681
男子	1,050	55	1,892,027

対象は中学校・高等学校の部活動
「平成24年度日本体育協会スポーツ医・科学研究報告Ⅰ
日本におけるスポーツ外傷サーベイランスシステムの構築」より

膝前十字靱帯損傷の発生件数・頻度 ～種目別～

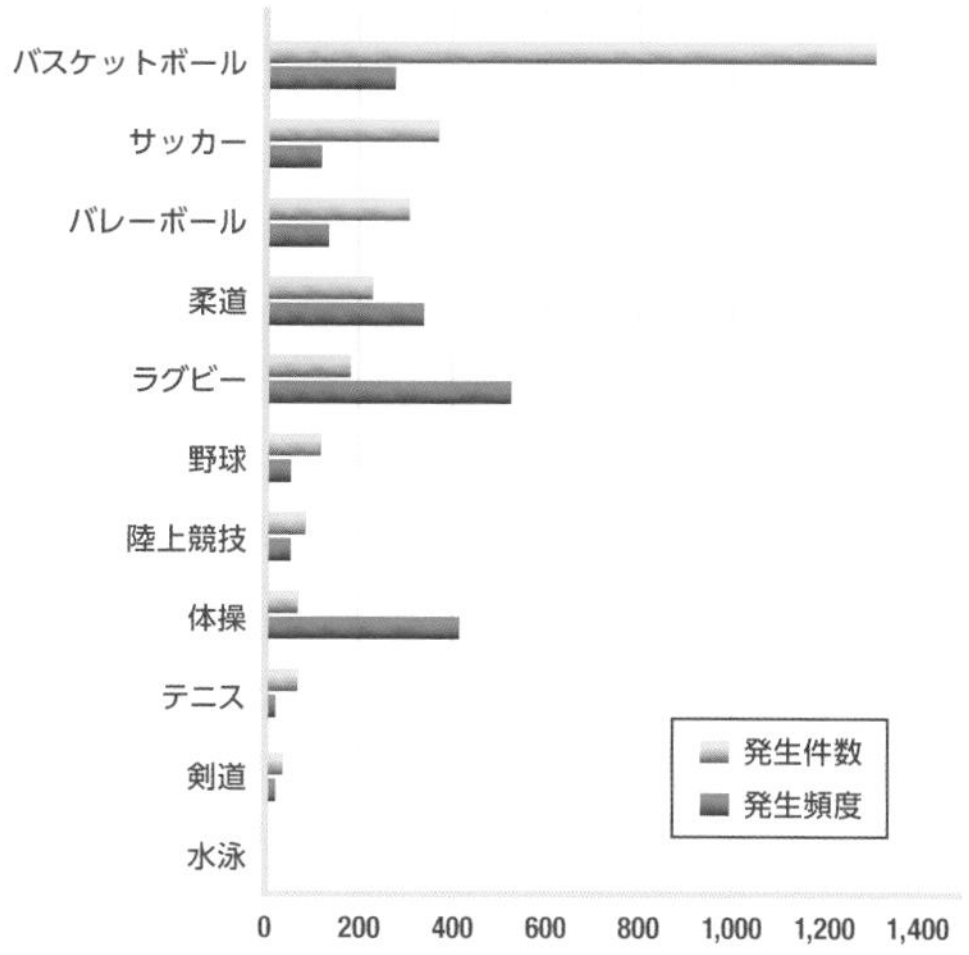

対象は中学校・高等学校の部活動
「平成24年度日本体育協会スポーツ医・科学研究報告Ⅰ
日本におけるスポーツ外傷サーベイランスシステムの構築」より

パフォーマンスを引き出すために必要な栄養を摂ろう

外に開いてひざに負担がかかります。

　また背中が丸まっているとお尻が下がり、前傾姿勢になってこちらもひざによくありません。正しいフォームを身につけてケガ予防につなげましょう。

　他にも日本バスケットボール協会のホームページにストレッチの動画がたくさんアップされています。ぜひ取り入れてみてください。

月経がきた日は毎月チェック。3カ月以上こない場合は専門の医師に相談しましょう

将来のためにも絶対に放置してはいけない「無月経」

　女子選手の皆さんにとって、スポーツを続けるなかで悩みとなってくるのが「月経」の問題ではないでしょうか。怖いのは、3カ月以上月経がない「無月経」の状態を放っておくこと。成長期に過度なトレーニングや栄養不足で体脂肪が減少すると、卵巣から分泌されるエストロゲン（卵胞ホルモン）が低下します。体脂肪率15％以下で約半数、10％以下でほぼ100％の人が無月経になると言われています。

　無月経の怖さは、骨が弱くなる点にあります。女性の一生のうち骨密度をもっとも獲得できるのは12歳頃、生理が始まる前後の年代ですが、この時期にエストロゲンが分泌されない状態が続くと、十分に骨密度を上げることができません。スカスカの骨のままハードなトレーニングや競技を続けた場合、どうなってしまうのか？　容易に想像ができると思います。

骨が弱いことで起きる「疲労骨折」はとても治りが悪いですし、何より無月経は将来の妊娠、出産にも影響を及ぼす大きな問題です。心当たりのある人は、すぐに婦人科を受診してください。

毎月生理がきている人でも、生理前の不調（月経前症候群）や、生理痛、集中力が欠けてミスをしてしまうなど、人によって様々な悩みがあると思います。症状には個人差がありますので、誰かと比べるのではなく「自分が気になっていること」があれば、我慢せずに一度専門の先生に相談してみましょう。

女子選手に多い貧血は日常生活にも影響

さらに「貧血」と「食事」についても、女子選手の体調管理の重要なポイントとしてお伝えしたいと思います。この二つは、ぜひ指導者の方や親御さんも一緒に考えて取り組んでいただきたい内容です。

まず貧血にはいくつか種類があります。バスケットボールのような動きの激しいスポーツをする人に多いのが大量発汗などで鉄分を喪失する「鉄欠乏性貧血」、そして足裏の衝撃により赤血球が壊れやすくなる「運動性溶血性貧血」などです。

ただでさえ女性は月経で鉄分が失われますので、運動の強度が上がることでさらにそのリスクが高まってしまうのです。

選手の皆さんは普段より疲れやすい、だるい、運動中に動悸や息切れがするなどの症状が現れたら、周りの大人に相談して一度専門医を受診してください。貧血になるとパフォーマンスが落ち、練習に耐えられなくなるだけでなく、日常生活にも影響が出ます。血液検査では、身体の中の貯蔵鉄を反映した「フェリチン値」をチェックすると、隠れ貧血もあぶり出すことができます。

身体作りの基本は食事
食べることもトレーニング

貧血は、食生活の偏りからも起こります。他の人と比べて少食、好き嫌いが多いなどの心当たりがある人は今から改善していきましょう。以前と比べ、若い世代の食べる量自体が減ってきていると感じます。スポーツをするのに必要なエネルギー量が足りず、栄養素も不足した状態で運動するため、貧血を起こしたり、ケガをしやすくなるという悪循環に陥ってしまっているのです。

中高生であればご飯などの炭水化物と、肉や魚などの筋肉を作るタンパク質、骨の元となる乳製品は三食しっかり摂ってください。ミネラルやビタミンを補給する野菜類も忘れずに。乳製品で牛乳が苦手な人は、ヨーグルトや納豆もおすすめです。

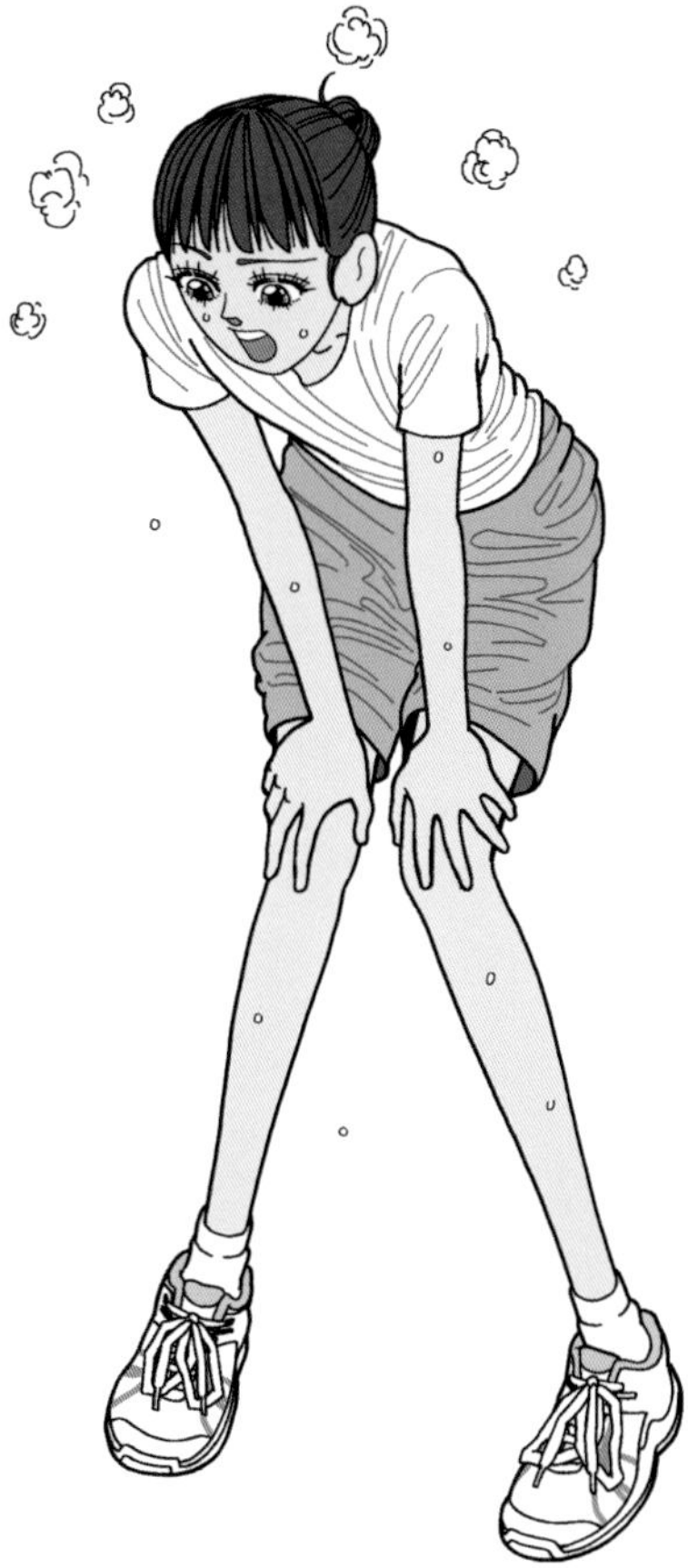
運動中に息切れ、動悸などの症状が現れたら、貧血状態の恐れも

また大人が言ってしまいがちな「太りたくないから炭水化物は避ける」というのが危険な認識であることも、知ってほしいと思います。炭水化物は筋肉の働きに必要な栄養源で、筋グリコーゲンとして筋肉に蓄えられ、運動時に筋肉のエネルギー源として利用されます。パフォーマンスを引き出すのに欠かせない栄養素なのです。

以前、日本代表チームの取り組みとして、大会の前日からご飯を一杯増や

ご飯などの炭水化物、肉や魚などのタンパク質のほかにミネラル、ビタミンが含まれている食材も摂りましょう

自分でコンディションを整えることが大切な未来につながる

すようにしたら、厳しい連戦の中でも最終日までスタミナが持つようになった経験があります。「食べることもトレーニングの一環」。この意識を、選手本人と指導者の方、親御さんとで共有していきましょう。

忘れてしまいがちな水分補給 熱中症対策を習慣に

そしてもう一つ、日々の食事と同じ

くらい意識して摂っていただきたいのが「水分」です。練習中、とくに夏の暑い時期は大量の汗とともに塩分を失って、重篤な熱中症を引き起こしてしまう場合があります。

熱中症対策の基本は水分をこまめに摂ることですが、熱中症の危険度を判断する指標となるのが体重です。練習の前後に体重を測定して、練習後に2%以上体重が減っていると熱中症の危険があります。水分補給が足りていないので、回数や量を見直しましょう。また、体育館内の温度、湿度ともに高い時期は練習量を抑えたり、ブレークタイムを頻繁に挟むなど別の対策も必要となってきます。

水分補給には塩分と糖分を含んだスポーツドリンクが最適ですが、練習中はそれ以外でも十分です。例えば練習前後と長めの休憩のときにスポーツドリンク、練習中は水やお茶と分けてもよいでしょう。選手は練習に集中して水分を摂ることを忘れてしまいがちなので、指導者や周りの方が声をかけて、チーム全体で習慣づけるようにしたいですね。

こんなふうに、身体も技術も発展途上にある中高生プレーヤーには向き合う課題がたくさんあります。これらについて現場の指導者がすべて担うのは至難の業です。そんなときは、ぜひ専門家に依頼して、チームで講習を受けるのも効果的だと思います。選手にとっても、同じ話を違う大人から聞くことで、より納得して深く理解できるというメリットがあるようです。

練習、栄養、休息を上達の三本柱と捉えよう

最後に、この本を手にとってくださった皆さんは「もっとうまくなりたい」「試合でよい成績をおさめたい」と、前向きにバスケットボールに取り組んでいると思います。だからこそ、心に留めてほしいことがあります。

それは、うまく休息をとることです。疲れているのにハードなトレーニングで追い込んだり、身体に痛みがあるのに無理をして練習を続けたりしては逆効果。一つのことに没頭し過ぎて自分を消耗してしまう「燃え尽き症候群」の心配もあります。

心身ともに健康な状態で長くスポーツを楽しむために「練習」「栄養」「休息」を三本柱と考えましょう。とくに学生の皆さんは部活や勉強で忙しい毎日だと思いますが、8時間は休息＝睡眠にあててほしいところです。成長期に丈夫な骨や筋肉を作り、疲労を回復させる成長ホルモンは、そのほとんどが睡眠時に分泌されます。

また成長期に健康な身体の基礎を作ることは、将来にもつながります。今、世界を見渡せば女性スポーツが注目され、競技レベルは向上し、医学的な研究も進んでいます。結婚、出産を経て第一線に戻ってくるアスリートも少なくありません。

今も、未来も大切に。そのために自分のコンディションを把握し、自分で体調を整えていく力をぜひ身につけていきましょう。

「練習」「栄養」「休息」を三本柱と考えることが一番の体調管理につながります

Training & Care

トレーニング＆ケア

第9章

Training & Care
トレーニング＆ケア
第9章

可動域を高める動的ストレッチ

バスケットボールはコート内を縦横無尽に動き回り、ボールをコントロールしながらときには接触を伴う競技です。

捻挫や脱臼などのケガを防ぐためには、入念なウォーミングアップは欠かせません。練習に入る前には、身体を動かしながら徐々に関節の可動域を高めていく動的ストレッチを行いましょう。

とくに上半身の動きで重要な肩甲骨まわり、下半身では股関節まわりをしっかり動かして身体を温めていきます。

肩甲骨や股関節の可動域を意識して余念なく行うことがパフォーマンスアップに結びつきます。

股関節のストレッチ

片足を身体の前に上げます。太ももを胸の高さまで上げて、外側に開きます。身体のバランスを崩さないように足を下ろし、この動きを繰り返します。腹部に力を入れて背筋をまっすぐにして行うのがポイントです。

ひざを胸の高さまで持っていき
前方に上げる

股関節の関節を伸ばすように
ひざを外側に開く

［すべてのストレッチ目安］
1セット10回×2セット

肩甲骨のストレッチ

脇を締めた状態で両手のひらを内側に向けて、肩甲骨を中央に引き寄せます。次に両手を真上に上げ、同時に手のひらを外側へ向けて、肩甲骨を外側に開きます。肩甲骨がしっかり動いているかを確かめながら、動作を繰り返しましょう。

脇の下を締めて手のひらを内側に向ける

手のひらを外側に向けながら両手を上げる

ケガ防止のための静的ストレッチ

ハードな練習や試合を行い、たくさん身体を動かした後は、筋肉をよく伸ばしておきましょう。疲労が溜まると身体を動かしづらくなり、それがゆくゆくはケガにつながる恐れもあります。

バスケットボールでは、捻挫や脱臼のケガが多く見られます。そのようなケガでも、足首の柔軟性が低下すると半月板損傷や前十字靭帯損傷などの大きなケガにつながるリスクが高まります。

足首はもちろん、股関節やとくに疲労が残りがちな腰回りは、入念なストレッチでケアしていきましょう。

足首と太もものストレッチ

片足を後ろに上げて片手で足首を持ちます。太ももが伸びているのを感じながら上半身を前に倒します。同時に足首もしっかり伸ばしましょう。

上半身を前に倒し太ももと足首を伸ばす

片足を上げて足首を持つ

[すべてのストレッチ目安]
1セット15秒×2回

股関節を広げる

ストレッチを行う人は、足を壁と平行にして壁に身体をぴたりとくっつけます。もう1人は背中と背中を重ねて体重をかけます。股関節をしっかり開いて伸ばせるストレッチです。

つま先を平行にして壁に身体をくっつけて股関節を伸ばす

股関節を伸ばす

股関節の可動域を広げるストレッチです。1人が相撲の四股《しこ》を踏むように足を広げて両手を上げます。両手を上げることで肩甲骨のストレッチも兼ねています。上に重なる人は上半身を挟むようにして立ちましょう。

前後2人が足を開いて、同時に股関節の可動域を広げる

太もも、ふくらはぎを伸ばすストレッチ

足をクロスさせた状態で立ちます。そこから両手を床に向かって下ろしていきます。アキレス腱から太ももまでよく伸びるように静止。逆側の足を前にして反対側も同様に行いましょう。

両手を床に下ろしながら伸ばしていく

足をクロスさせて立つ

Training & Care
トレーニング＆ケア
第9章

ボールハンドリングと体幹の力を強化する

ドリブル、パス、シュートの技術力がどんなに高くても、身体の線が細い人はコンタクトプレーで押し負け、パフォーマンスも半減してしまう可能性があります。

　多少の接触でも身体の重心をぶらさずに、持っている技術を発揮するためには、身体の軸を支える体幹と言われる、深層部にあるインナーマッスルをしっかり鍛えることが重要です。

　ここでは、ボールハンドリング力とともに鍛えられるボールを使った体幹のトレーニングメニューを紹介します。

プランク

上体をまっすぐにした姿勢で両ひじとつま先で身体を支えます。腹部に力を入れてお尻が落ちたり、上がったりしないように注意しましょう。身体を支えられるようになってきたら、ボールに両手をついて腕立て伏せを行うなど、強度を上げていきましょう。

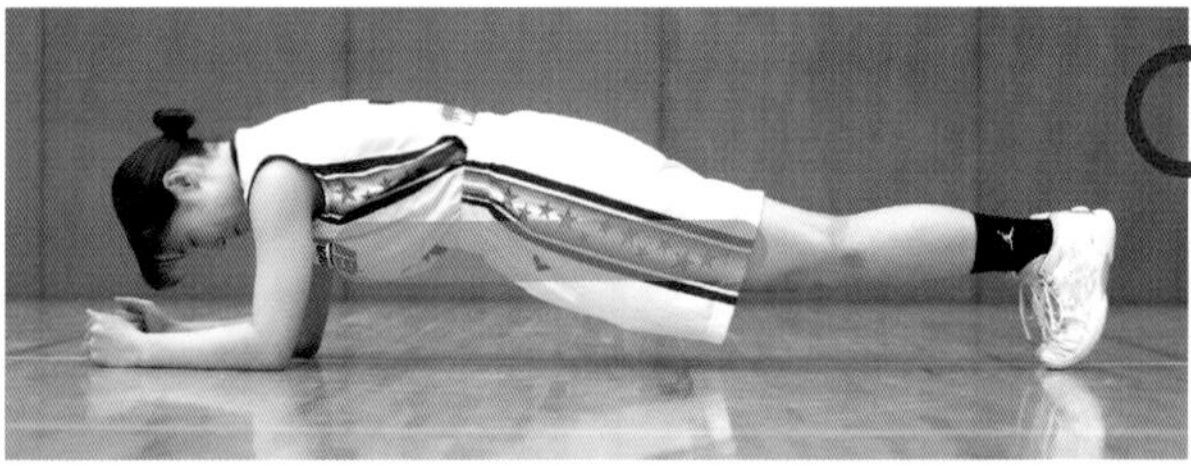
○
肩の真下に置いたひじを垂直にした状態で腹部に力を入れて身体を支えます

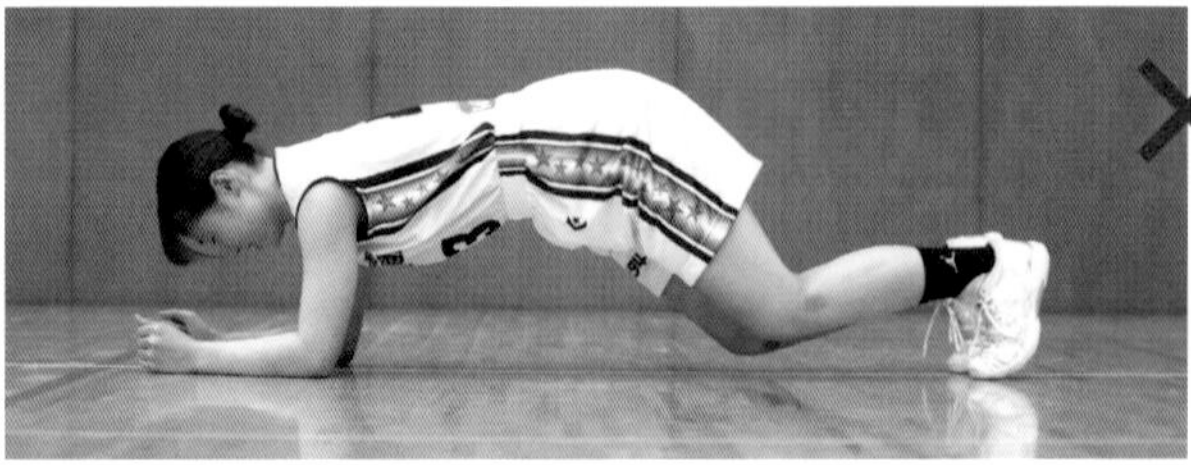
×
お尻が上がったり下がったり、ひざを曲げないように注意

［トレーニング目安］
1回30秒 2セット

腹筋トレーニング

2人一組になり、向き合った状態で行う腹筋のトレーニング。両足を上げた状態でパートナーからパスを受けてオーバーヘッドパスで投げ返します。オーバーヘッドパスが難しい場合、初めはチェストパスからでもOK。腹筋で身体全体のバランスをとりながらパスを行いましょう。

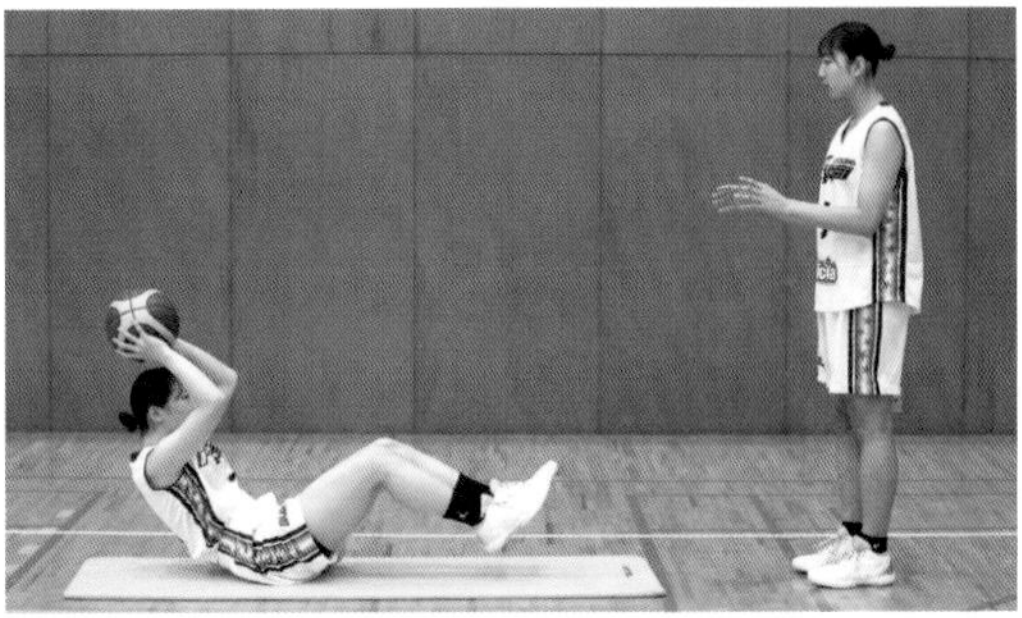
両足を上げてパスをキャッチ

オーバーヘッドパスまたはチェストパスで投げ返す

背筋トレーニング

2人一組になり、うつ伏せになった状態で行う背筋のトレーニング。両足を上げた状態でパートナーからパスを受けてボールを投げ返します。このとき、両足を上げながら上半身を起こします。足を下げて行うと腰に負担がかかり、ケガにつながる恐れがあるので注意してください。

両足を上げたまま上体を起こしてボールをキャッチ

チェストパスでまっすぐボールを投げ返す

[すべてのトレーニング目安]
1セット10回×2セット

Training & Care
トレーニング&ケア
第9章

腹部とお尻に強い負荷をかけていく

足を高く上げて負荷をかける

前ページの腹筋トレーニングの姿勢に対してより負荷をかけていきます。下にボールが入るほど足を高く上げ、足の下にボールを通します。1周させたらパスを出し、受け取ったら足の下に通す動作を繰り返します。

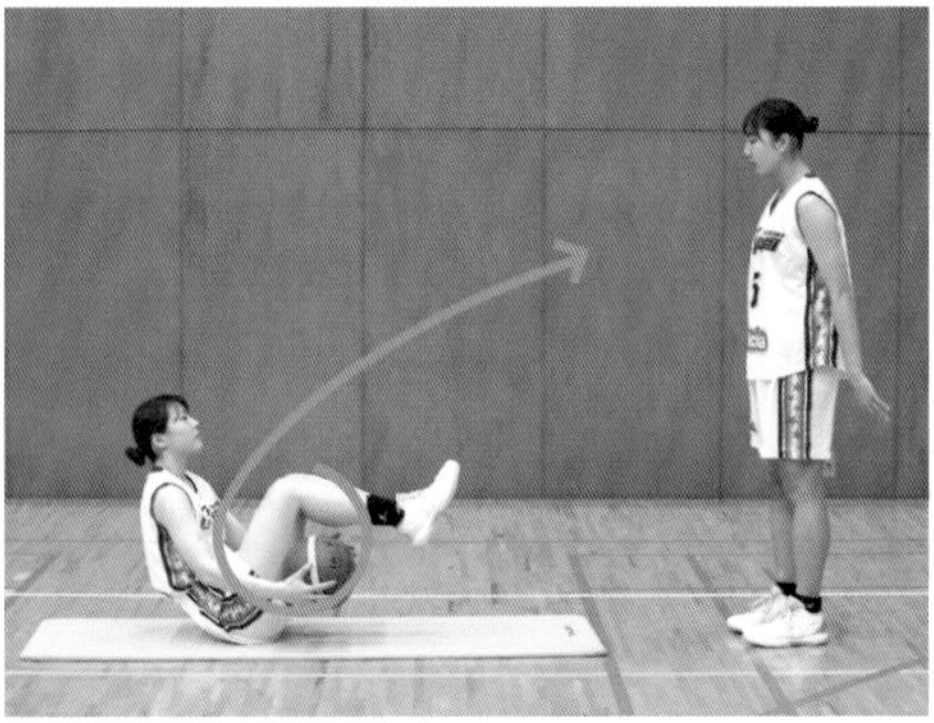

上半身が前傾しないようにバランスをとる

両足で身体を支えてお尻を強化

お尻の筋力をつけるトレーニングです。両足を床につけてお尻を持ち上げ、お尻の下にボールを通して1周したらパスを出します。パスを出している間もお尻を持ち上げた姿勢を維持するのがポイント。

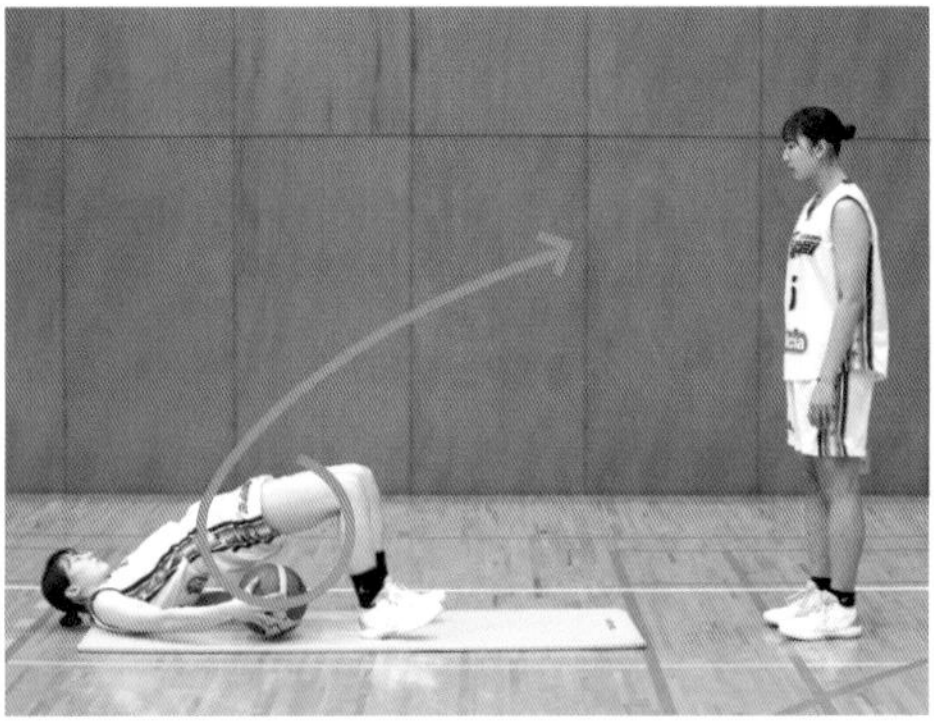

腹部に力を入れて身体を支える

片足で身体を支え負荷をかける

両足でスムーズにできるようになったら、次は片足で行います。片足でお尻を持ち上げて、お尻の下にボールを通していきます。バランスをとるのが難しいため、より腹部を意識してボールをまわしていきましょう。

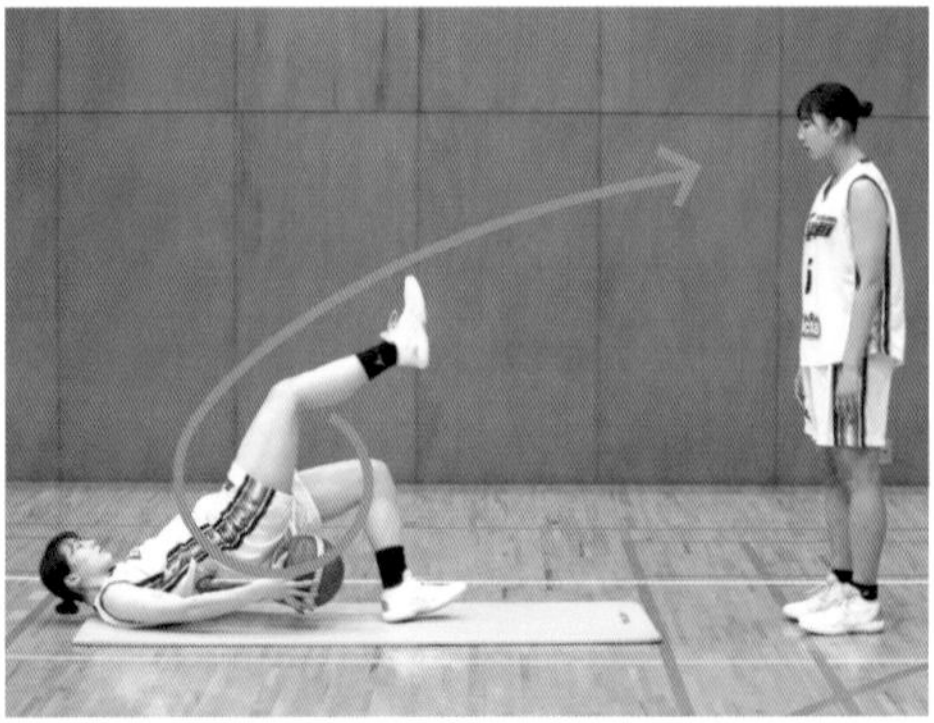

ハンドリングにも注意してボールをまわす

〈著者紹介〉

楠田 香穂里
KAORI KUSUDA

PROFILE

1974年5月29日生まれ、宮崎県出身。旧姓は川上。中学からバスケットボールをはじめ、高校卒業後ジャパンエナジー（現ENEOS）に入社。Wリーグでポイントガードとしてプレーし、日本代表に選出され、2001年、2002年リーグ年間ベスト5に選ばれる。1998年、2002年の世界選手権などの国際大会に出場。1998年バンコクアジア競技大会では金メダルを獲得した。2004年にはアテネオリンピックに出場し、同大会を最後に現役引退。引退後、JOMO（現ENEOS）バスケットボールクリニックをはじめ、バスケットボールの普及・振興や競技力向上のため地元宮崎で中学生大会『楠田旗』を17年間、開催。2010年には共栄大学女子バスケットボール部を創部。2018年には日本代表チームのアシスタントコーチに就任。2021年にはバスケットボール女子日本リーグ（Wリーグ）理事なども兼務。2023年4月、明星学園高等学校女子バスケットボール部コーチに就任した。

〈モデルチーム〉

共栄大学女子バスケットボール部

埼玉県春日部市を拠点とし2010年創部。「SUNCOLORS」の愛称で日々部活動に取り組み、大学女子バスケットボール界において上位進出を目指している。詳細はsuncolors.netにて。

〈技術モデル〉
左から
永田夢乃、加瀬桜子、豊田唯莉、田村奈々穂

Epilogue
おわりに

日々の積み重ねが上達につながる

２０１８年、バスケットボールのワールドカップとアジア競技大会が開催された年。私はアジア競技大会に出場するB代表のコーチを務めていました。その年、A代表との合同合宿においてのちに東京オリンピックで銀メダルに導いたトム・ホーバス監督とご一緒させていただきました。

　戦術の発想については序章で触れたとおりですが、目を見張ったのがデータ分析によるスカウティングです。シュートの成功率をさまざまな角度で分析し、それをゲームフォーメーションに落とし込んでいました。

　この「成功率」というのは、シュート技術だけではなく、ボールハンドリング、ドリブルやパスなどの基本技術の精度にも直結するものです。どんなに有名プレーヤーでも最初から身についているものではありません。日々の練習の積み重ねにおいて、身につけてきたものなのです。

　本書は、中高生の皆さんが「どんどん上手くなること」をイメージして制作しました。この本を読んでくれた皆さんが、「シュートが入るようになった！」と感じてくれたら、これほどうれしいことはありません。これを機にさらにバスケットボールが好きになってくれたら幸いです。

楠田香穂里

STAFF　装　　丁　　柿沼みさと
本文デザイン/DTP　松田恭典　藤井由佳
写　　真　　山田高央
イラスト　　丸口洋平
校　　正　　株式会社RUHIA
執　　筆　　芝真紀子
編　　集　　吉田亜衣
企画・制作進行　神野哲也

パーフェクトレッスンブック

女子《じょし》バスケットボール 基本《きほん》と戦術《せんじゅつ》

著　者　………　楠田《くすだ》香穂里《かおり》
発行者　………　岩野裕一
発行所　………　株式会社実業之日本社
〒107-0062 東京都港区南青山6-6-22 emergence 2
電話（編集）03-6809-0473（販売）03-6809-0495
https://www.j-n.co.jp/
印刷・製本　………　大日本印刷株式会社

ISBN978-4-408-42136-0（第二書籍）

2305（01）